Gerhard Leibold · Sanfte Hilfen für die Seele

Viele Wege führen zu Heilung und Wohlbefinden!

Von Gerhard Leibold, Heilpraktiker und Buchautor, sind u. a. folgende Bücher lieferbar:

Aromatherapie. Die schützende Kraft der Wohlgerüche und Essenzen. Neu! Mit vielen Farbabb. und Zeichnungen. Neu – hält Leib und Seele zusammen! ISBN 978-3-0350-3022-8

Ich bin, was ich denke. Besser und gesünder leben durch positives Denken. ISBN 978-3-0350-0036-8

Das große Handbuch Schüßler-Salze. Mineralsalze für Gesundheit und ein gutes Leben. Sonderausgabe in *einem Band.* ISBN 978-3-0350-3027-3

Die neuen Vitalstoffe. Hilfen gegen Leistungsabbau und Stress, für Gesundheit und besseres Leistungsvermögen. Neu! ISBN 978-3-0350-3025-9

Marilyn Aslani, Masseurin/Kursleiterin

Massage ganz entspannt. Lockerung, Heilung, Stressabbau. Über 400 Farbbilder, standfestes Aufklappbuch mit Ringheftung, macht die Konsultation während der Massage möglich! 2007. ISBN 978-3-0350-3040-2

Christa Keding: **Gesund durch analytische Kinesiologie.** Der Muskeltest als Brücke zu ganzheitlicher Heilung. 6., gründlich überarbeitete Auflage. ISBN 978-3-0350-5019-6

dies.: **Gesund durch psychologische Kinesiologie.** Die Kraft der Psyche als Tür zur Heilung. 6., gründlich überarbeitete Auflage 2007. ISBN 978-3-0350-5022-6

Paul Mohr, Heilpraktiker: **Gesund durch Nahrungsergänzungsmittel.** So wirkt die orthomolekulare Medizin. 3. Auflage 2007. ISBN 978-3-0350-5012-7

Shirley Trickett, Krankenschwester: **Endlich wieder angstfrei leben.** Selbsthilferatgeber gegen Angst, Depressionen und Panikattacken. 9. Auflage. ISBN 978-3-0350-0020-7

Dr. Andrea Überall's **Tibetische Hausapotheke.** Die Geheimnisse lebenslanger Gesundheit. 2., verbesserte Auflage. ISBN 978-3-0350-3018-1

Gesundheit geht uns über alles!

Bücher von Oesch und Jopp in Ihrer Buchhandlung, Versand- und Internetbuchhandlung

Aktuelle Programm-Informationen kostenlos per Post oder stets unter:

www.oeschverlag.ch **www.joppverlag.de**

Gerhard Leibold

Sanfte Hilfen für die Seele

Wege aus der Angst – praktischer Ratgeber für Betroffene

Oesch Verlag

Die Angaben in diesem Band basieren auf dem bei Erscheinen der Erstausgabe aktuellen Wissensstand von Medizin und Naturheilkunde, soweit er Autor und Verlag zur Verfügung gestanden hat.
Alle Ratschläge wurden von Autor und Verlag sorgfältig erwogen und geprüft; dennoch kann eine Garantie nicht übernommen werden. Eine Haftung des Autors bzw. des Verlags und seiner Beauftragten für Personen-, Sach- und Vermögensschäden ist ausgeschlossen.

1. Auflage 2007

Umschlagfoto: © Incolor, Zürich
Druck- und Bindung: Ebner & Spiegel, Ulm
Printed in Germany

ISBN 978-3-0350-3028-0

Gern senden wir Ihnen unser Verlagsverzeichnis:
Oesch Verlag, Jungholzstraße 28, CH-8050 Zürich
E-Mail: info@oeschverlag.ch
Telefax 0041/44 305 70 66 (CH: 044 305 70 66)

Unser Buchprogramm finden Sie im Internet unter:
www.oeschverlag.ch
www.joppverlag.de

Inhaltsverzeichnis

Vorwort

Angst und Schmerz verbindet, daß sie Unlust erzeugen und wir sie deshalb zu vermeiden suchen. So verständlich das ist, verkennt man damit aber ihre wichtigen Funktionen als Warnzeichen, das auf Krankheiten, Risiken und Gefahren hinweist.

Wer an Schmerzen leidet, beneidet sicher jene, die keinen Schmerz empfinden können. Zu unrecht, denn sie verletzen sich fortwährend, da sie zum Beispiel nicht spüren, wenn sie einen Gegenstand berühren, und bemerken Krankheiten lange nicht, weil die Warnung durch Schmerzen fehlt.

Nicht viel anders verhält es sich mit denen, die keine Angst kennen. Das sind keine mutigen Helden, denn Mut zeigt sich erst, wenn die Angst bewußt überwunden wird. Ohne dieses Warnsignal geht man blind für unkalkulierbare Gefahren durchs Leben und riskiert dabei Kopf und Kragen.

Zum Problem werden Angst und Schmerz, wenn sie chronisch bestehen, aber keine Funktion als Mahner und Wächter mehr erfüllen. Dann überschatten sie das ganze Leben, werden manchmal so unerträglich, daß sie einen Menschen in den Freitod treiben. In solchen Fällen sind angst- und schmerzlindernde Arzneimittel ein wahrer Segen, der allerdings nicht selten mit Abhängigkeit von Medikamenten erkauft wird. Schmerzmittel und Psychopharmaka können nämlich nur lindern, die Ursachen bestehen fort, deshalb werden sie häufig dauernd verabreicht. Aber das spricht keineswegs gegen solche Medikamente, wenn man sich ihrer Grenzen bewußt bleibt und Ursachen gezielt mitbehandelt.

Die Einsicht, daß Angst als »Grundbefindlichkeit des Seins« *(Martin Heidegger,* dt. Philosoph, 1889–1977) ganz selbstverständlich zum Leben gehört, läßt sich heutzutage schwer vermitteln. Zwar empfindet fast jeder zumindest ab und zu einmal Angst, aber es gilt als »uncool«, das zu zeigen. Wer darüber spricht, findet anfangs vielleicht noch Mitgefühl. Über kurz oder lang meint die Mitwelt aber, er müsse sich eben mehr zusammennehmen. Wer es nicht schafft, gehört irgendwann nicht mehr dazu.

Dahinter muß keineswegs Gleichgültigkeit und Herzlosigkeit der anderen stecken. Ein Mensch, der seine Angst nicht zu kontrollieren vermag, lebt den anderen vor, was sie vielleicht selbst einmal betrifft. Um damit nicht ständig konfrontiert zu werden, verweigert man ihm schließlich weitere Anteilnahme und bestätigt sich vermeintlich selbst, gegen ein ähnliches Los gefeit zu sein.

Es liegt aber in unser aller Interesse, offener mit unbequemen Empfindungen wie Angst und Schmerz umzugehen, sie zuzulassen, an ihnen zu arbeiten und zu reifen. Verdrängung scheint auf den ersten Blick der einfachste Ausweg, aber damit »maskiert« man die Angst nur, bewältigt sie nicht dauerhaft. Mit einem anderen »Gesicht« kehrt sie zurück und wird so vollends unverständlich.

Oft bedarf es einer langen psychotherapeutischen Beratung, um sie wieder aus dem Vergessen zu heben und nachträglich zu verarbeiten. Diesen langen, oftmals schmerzlichen Weg erspart man sich oft, wenn die Angst von Anfang an angenommen wird.

Nur was wir verstehen, können wir bewußt annehmen und verarbeiten. Deshalb will das vorliegende Buch Verständnis für die Angst und die daran leidenden Menschen wecken. Wer nicht aus eigener Kraft offen mit seinen Ängsten umgehen kann, findet hier Wege und Strategien, die aus dem »Käfig der Angst« befreien. Daraus kann sich jeder die individuell angemessenen Lösungen zusammenstellen, Patentrezepte gibt es nicht.

Ein Leben ganz ohne Angst verspricht dieses Buch nicht, das wäre weder möglich noch wünschenswert. Aber wer weiß, daß er seinen Ängsten nicht hilflos ausgeliefert ist, daß er die mit ihnen verbundene psychische Energie sogar positiv als Antrieb nutzen kann, spürt keine Angst vor der Angst mehr, sondern integriert sie in das Leben.

Was macht Angst?

Fragt man Menschen, welche Ängste sie am meisten belasten, landen einige immer wieder auf den vorderen Rängen, unabhängig von Alter und Geschlecht, Schulbildung, Beruf und Status. Es handelt sich dabei um *Urängste,* die wir alle erfahren: Angst vor Krankheit, Tod, Schmerzen, Verbrechen, Krieg, Terror, Verarmung, neuerdings vermehrt Angst vor Verlust des Arbeitsplatzes und dem damit einhergehenden sozialen Abstieg. Offenbar hängen diese Urängste alle mehr oder minder mit Leben, Überleben und Lebensqualität zusammen.

Welche Ängste belasten am meisten?

Urängste

Biochemie der Gefühle

Lust, Leid, Freude, Trauer, Liebe, Haß – sind alle Gefühle nur das Resultat der chemischen Vorgänge in den Zellen. Auch der aufgeklärte moderne Mensch kann und mag sich das nicht so recht vorstellen, kollidiert es doch mit dem menschlichen Selbstverständnis als Krone der Schöpfung mit unsterblicher Seele.

Sind alle Gefühle nur das Resultat der Biochemie?

Ob die Biochemie tatsächlich allein das Seelenleben ausmacht oder noch so etwas wie ein »göttlicher Odem« eingehaucht werden muß, entzieht sich naturwissenschaftlicher Analyse. Diese Glaubensfrage kann jeder nur für sich persönlich beantworten.

Bisher kennen wir über 80 körpereigene Substan-

Körpereigene Substanzen, die mit psychischen Vorgängen in Beziehung stehen

zen, die eindeutig mit psychischen Vorgängen in Beziehung gesetzt werden können, vornehmlich Hormone, hormonartige Substanzen und Neurotransmitter (Botenstoffe, z. B. Adrenalin und Serotonin). Allerdings trägt es wenig zum Verständnis der Biochemie des Seelenlebens bei, diese Wirkstoffe isoliert zu betrachten, von entscheidender Bedeutung ist vielmehr das Zusammenspiel dieser Substanzen. Erst daraus ergibt sich die Vielfalt und individuelle Prägung des Seelenlebens.

Zusammenspiel ist wichtig

Auch Tiere besitzen ein Seelenleben

Auch die Tiere, denen die Wissenschaft lange eine Seele absprach, besitzen ein Seelenleben, das auf biochemischen Prozessen beruht, die denen beim Menschen ähneln.

Limbisches System im Zwischenhirn

Nach allem, was wir mittlerweile über die Biochemie der Psyche wissen, werden unsere Wahrnehmungen, Erfahrungen und Erinnerungen in dem als *limbisches System* bezeichneten Teil des Zwischenhirns verarbeitet. Dabei entstehen biochemisch Gefühle und Stimmungen, die durch Botenstoffe bis zu jeder einzelnen Zelle gelangen.

Die Gesamtheit aller aktuell vorhandenen körpereigenen Stoffe bewirkt, daß das augenblickliche psychische Befinden z. B. als Freude, Trauer oder Angst bewußt wird.

Genetische Faktoren – körperliche Krankheiten

Genetische Faktoren können bei Angst eine Rolle spielen

Die familiär gehäuft vorkommenden Ängste erklärte man lange aus Erziehungseinflüssen (s. S. 15). Heute wird nicht mehr ausgeschlossen, daß auch genetische Faktoren eine Rolle spielen. Vielleicht sind die menschlichen Urängste im Erbgut verankert, und/oder es gibt eine individuelle Veranlagung zur Angst, das läßt sich derzeit noch nicht beantworten. Die Angst selbst läßt sich allerdings nicht einfach von Mensch zu Mensch übertragen, lediglich die biochemischen Grundlagen der Angst könnten vererbt werden.

Angst wird nicht von Mensch auf Mensch übertragen

Vorläufig bleibt das noch Theorie. Man darf nicht vergessen, daß sowohl das menschliche Erbgut als auch die Biochemie der Psyche erst seit kurzem gründlicher erforscht werden. Dabei werden wohl noch viele weitere Erkenntnisse gewonnen, die traditionelle Lehrmeinungen korrigieren.

Nicht bestritten wird hingegen, daß Angstgefühle unmittelbar durch körperliche Erkrankung verursacht werden können. Dazu einige Beispiele:

Angstgefühle werden durch körperliche Erkrankungen verursacht

- *Herzerkrankungen* werden nicht selten von Angst begleitet, insbesondere Angina pectoris und Infarkt.

  Herzerkrankungen

- *Hirnorganische Ursachen*, am häufigsten altersbedingte Arteriosklerose, führen zu teilweise massiven Angstzuständen und Panikattacken.

  Hirnorganische Ursachen

- *Blutunterdruck*, der häufig nachts zu Angstträumen führt, aus denen man aufschreckt; am Tag führt Hypotonie seltener zu Angstzuständen.

  Blutunterdruck

- *Atemstörungen* (vor allem Asthma), die zu heftiger Angst vor dem Erstickungstod führen können.

  Atemstörungen

- *Verdauungsbeschwerden*, insbesondere Koliken und Blähungen, die bei empfindlichen Menschen oft Angstzustände auslösen.

  Verdauungsbeschwerden

Diese Beispiele mögen genügen, um Zusammenhänge zwischen körperlicher Krankheit und Angst zu demonstrieren.

Wie Erkrankungen des Körpers Angst erzeugen, läßt sich noch nicht zuverlässig beantworten. Einige (z. B. Asthma, Arteriosklerose) können mit ungünstiger Veranlagung in Beziehung stehen.

Psychische Wurzeln der Angst

Ängste stehen auch mit dem Seelenleben in Beziehung

Selbst wenn Ängste auf körperlichen und/oder genetischen Ursachen beruhen, stehen sie stets auch mit dem Seelenleben in Beziehung. Häufig erklären sie sich aber ausschließlich aus seelischen Wurzeln.

Grundursache Todesangst?

Endlichkeit der Existenz

Als einziges Lebewesen auf der Erde weiß der Mensch um die Endlichkeit seiner Existenz. Deshalb versucht er bewußt, seinem Leben Sinn zu verleihen, über den Tod hinaus Spuren zu hinterlassen.

Grundursache aller Ängste

Manche Wissenschaftler erklären das Bewußtsein vom Tod gar zur Grundursache aller Ängste. Aber selbst wenn das so nicht zutrifft, bleibt die Gewißheit des Todes eine dauernde Quelle der Angst.

> Wir können und müssen mit dieser Todesangst leben und sie bewältigen, sonst überwältigt sie uns.

Todesangst kann sehr produktiv wirken

Wer richtig damit umzugehen weiß, erlebt immer wieder, daß sie keinesfalls lähmen muß, sondern sehr produktiv wirken kann.

Letztlich sind alle kulturellen und zivilisatorischen Leistungen der Menschheit zumindest teilweise darauf zurückzuführen: Wissenschaften, Kunst und natürlich die Religionen. Über allem steht die Hoffnung, daß wir nicht nur leben, um den Tod zu finden und vergessen zu werden.

Angst zulassen und als Kraftquelle nutzen

Eine so tief in der Psyche verwurzelte Angst kann nur bewältigt werden, indem man sie zuläßt, annimmt und als Kraftquelle für das Leben nutzt. So wird selbst der Tod noch zu einer Erfahrung, die wir wohl nie ganz verstehen werden, als naturgegeben aber akzeptieren können.

Mit dieser positiven Grundeinstellung wird die Todesangst erträglich, belastet das Leben nicht mehr so massiv und lähmt nicht alle unsere Aktivitäten.

Vorbilder und Erziehung

Die menschliche Entwicklung wird mit durch Vorbilder und Erziehung geprägt. Ob das gegen Ängste hilft oder sie begünstigt, hängt hauptsächlich von der Art der Vorbilder und den Inhalten der Erziehung ab. Ferner kommt es darauf an, wie der Einzelne darauf reagiert.

Vorbilder und Erziehung prägen unsere Entwicklung

Ungünstige Einflüsse in der Kindheit müssen nicht unbedingt das ganze weitere Leben belasten. Mit der Reifung der Persönlichkeit kann man über ungünstige Einwirkungen hinwegkommen, sie als Bestandteile des eigenen Lebens annehmen und verarbeiten. Zum Teil fällt diese Aufarbeitung allerdings so schwer, daß professionelle psychologische Beratung dabei unterstützen sollte.

Ungünstige Einflüsse in der Kindheit

Ängstliche Eltern – ängstliche Kinder?

Erziehung bedeutet nicht nur, bewußt und gewollt Erziehungsinhalte zu vermitteln, eine nicht geringe Rolle spielen auch die Vorbilder. In jedem Lebensalter kann der Mensch durch Vorbilder beeinflußt werden, am deutlichsten erfolgt das meist in Kindheit und Jugend.

Der Mensch kann zu allen Zeiten durch Vorbilder beeinflußt werden

Einige Vorbilder sind praktisch immer vorgegeben: Eltern/Ersatzeltern, Kindergartenpersonal, Lehrer, später dann die Ausbilder am Arbeitsplatz oder beim Studium. Man kann sich ihrem Einfluß kaum völlig entziehen.

Vorgegebene Vorbilder

Die klassischen Vorbilder in Familie und Schule stehen heute vermehrt in Konkurrenz mit denen, die sich junge Leute selbst aussuchen. Einige begleiten sie nur ein kurzes Stück des Lebenswegs, andere beeinflussen vielleicht das gesamte weitere Leben. Sie prägen zum Beispiel Wertvorstellungen, Normen, Regeln und Ver-

Junge Leute suchen sich heute Vorbilder selbst aus

haltensweisen ein, die für das Leben in der Gesellschaft erforderlich sind.

Vorbilder provozieren Widerstände

Aber auch einzelne Angstreaktionen oder eine ängstliche Lebensgrundeinstellung können von Vorbildern übertragen werden. Manche Vorbilder provozieren Widerstände, so daß man sich vielleicht genau gegensätzlich verhält.

Selbstsichere Erwachsene

Wegen dieser vielen individuellen Umstände läßt sich nie genau vorhersehen, ob Ängste der Eltern und anderer Vorbilder übernommen werden. Im Idealfall kommt man über kurz oder lang darüber hinweg und entwickelt sich zum selbstsicheren Erwachsenen. Man kann aber auch von der Angst der Vorbilder angesteckt werden und zeitlebens nicht darüber hinwegkommen.

Wirkung ängstlicher Vorbilder

Ermutigende Erziehung

Kompliziert wird die Wirkung ängstlicher Vorbilder noch dadurch, daß die Erziehung insgesamt mit darüber entscheidet, ob die Angstübertragung abgewehrt oder zugelassen wird. Wenn der Erziehungsstil vielleicht entmutigt, Selbstwertgefühl und Selbstvertrauen behindert, nimmt die Anfälligkeit für Ängste der Vorbilder zu. Umgekehrt kann eine ermutigende Erziehung, die Geborgenheit und Selbstsicherheit vermittelt, die Ängste der Vorbilder kompensieren und eine ungestörte Entwicklung ermöglichen.

Mangelnde Geborgenheit und entmutigende Erziehung

Die Art und Weise, wie ein Mensch mit Angst umgeht, hängt maßgeblich mit von seinem Urvertrauen ab. Wer erfahren hat, daß man grundsätzlich vertrauen darf, findet weit weniger angsterzeugende Faktoren als ein anderer, der nur mißtrauen kann.

Vertrauen stellt sich immer wieder ein

Vertrauen stellt sich im Lauf des Lebens immer wieder ein, zum Beispiel dann, wenn aus Fremden allmählich Freunde werden. Am Anfang allen Vertrauens steht indes das Urvertrauen, das in der Zeit von der Geburt bis zum Ende des 1. Lebensjahrs begründet wird. Gewinnt das Kind in dieser Lebensphase kein *Urvertrauen,* drohen später unter anderem chronische Depressionen, Neigung zu Angstzuständen und Suchtkrankheiten.

Urvertrauen

Urvertrauen und emotionale Geborgenheit bilden immer auch eine wesentliche Voraussetzung dafür, daß ein Kind sich traut, alle seine Möglichkeiten zu erproben und dabei auch Mißerfolge zu erleben.

Ein Kind soll alle seine Möglichkeiten erproben

Das kann nur gewagt werden, wenn kein Liebesentzug droht. Dann setzt das Kind immer wieder an, negative Erfahrungen zu korrigieren und frühere Mißerfolge durch Erfolge auszugleichen.

Ganz anders verhält es sich bei einer entmutigenden Erziehung, der meist schon Urvertrauen und Geborgenheit fehlt. Dieser Stil setzt das Kind unter hohen Erwartungsdruck, dem es selbst bei günstigsten Voraussetzungen häufig nicht gewachsen ist. Aber selbst wenn es die geforderte Leistung einmal erbringt, wird es nicht durch Lob und Anerkennung ermutigt. Vielmehr werden die Anforderungen immer höher geschraubt, so daß es zwangsläufig immer wieder zu Mißerfolgen kommt.

Entmutigende Erziehung

Anforderungen werden immer höher geschraubt

In diesem Erziehungsklima fühlt ein Kind sich förmlich erdrückt von den Ansprüchen der Bezugspersonen. Da sie auch durch Erfolge nie zufriedenzustellen sind, stellt sich über kurz oder lang Entmutigung ein, das Kind kann dann seine Möglichkeiten nicht mehr zwanglos ausprobieren. So kommt ein Teufelskreis in Gang: Der Mangel an Möglichkeiten zur Selbstbewährung schränkt die freie Entfaltung zunehmend ein, den hohen Erwartungen kann deshalb immer seltener genügt werden.

Das Kind fühlt sich erdrückt

Freie Entfaltung wird eingeschränkt

Dazu kommt die wachsende Angst vor dem Liebesentzug, die Entwicklung und Leistungsmöglichkeiten zusätzlich behindert. Es verwundert nicht, wenn aus dieser Erziehung ein Erwachsener hervorgeht, der vor allem und jedem Angst verspürt.

Angst vor Liebesentzug

Ungünstige Lernprozesse

Dauerndes Neu- und Umlernen

Die aktive, selbstbestimmte Lebensgestaltung setzt heute dauerndes Neu- und Umlernen voraus. Nur so kann man auf die Ansprüche des immer komplizierteren Alltags angemessen reagieren.

Psychische Lernprozesse fallen schwer

Am besten gelingt meist das Erlernen von Wissen und Fähigkeiten, wesentlich schwerer fallen psychische Lernprozesse. Insbesondere die Inhalte der Erziehung in Kindheit und Jugend nisten sich häufig so hartnäckig ein, daß sie später nicht mehr einfach durch Neu- und Umlernen korrigiert werden können.

Neuroassoziationen

Das erklärt sich unter anderem aus bestimmten »Schaltungen« (Neuroassoziationen) im Nervensystem, in denen Lerninhalte gleichsam festgeschrieben werden. Es bedarf einiger Mühe, zum Teil auch fachlicher Hilfe, um solche körperlichen Spuren des Lernens aufzulösen.

Einmalige ungünstige Erfahrungen werden leicht verkraftet

Am leichtesten verkraftet man meist noch die negativen psychischen Lernprozesse durch einmalige oder gelegentliche ungünstige Erfahrungen. Bestenfalls hinterlassen sie keine oder nur geringfügige Spuren, die durch die seelischen Selbstheilungsregulationen gelöscht werden.

Häufige negative Erfahrungen können Angstzustände erzeugen

Wirken negative Erfahrungen häufiger/dauernd ein und/oder kommt ihnen erhebliche Bedeutung zu, prägen sich die damit verbundenen Lernprozesse meist tief ein und können oft nicht mehr aus eigener Kraft bewältigt werden. Eine mögliche Folge davon sind Angstzustände, deren Ursachen nicht mehr bewußt sind und somit auch nicht verarbeitet werden können. Erst mit fachlicher Hilfe lassen sie sich nachträglich wieder bewußt machen und doch noch bewältigen.

Fehlendes Selbstwertgefühl und Selbstvertrauen

Innere Stärke gegen die Angst

Ein Mensch, der sich seines eigenen Wertes bewußt ist und sich selbst vertraut, kann sich aus innerer Stärke heraus der Angst stellen, wird nicht von ihr überwältigt.

Realistisches Vertrauen in die eigenen Möglichkeiten

Wie viele Inhalte des Seelenlebens werden auch realistisches Vertrauen in die eigenen Möglichkeiten und Bewußtsein des eigenen Wertes durch die Erziehung begründet. Grundlage bildet das Erlebnis des Kindes, daß es ohne Wenn und Aber um seiner selbst willen, nicht als »Belohnung« für Wohlverhalten und besondere Leistungen angenommen wird.

Selbstvertauen und Selbstwertgefühl

Selbstvertrauen steht in engem Zusammenhang mit Selbstwertgefühl. Nur wer sich des eigenen Wertes bewußt ist, kann auf sich selbst vertrauen. Auch dabei spielt die Erziehung wieder eine wesentliche Rolle.

Geborgenheit in bedingungsloser Zuwendung

Geborgen in der bedingungslosen Zuwendung seiner Bezugspersonen kann das Kind seine eigenen Möglichkeiten durchspielen. Dabei lernt es, auf sich zu vertrauen, muß aber auch Mißerfolge hinnehmen, die durch die Zuwendung der Erzieher abgefedert werden. Schritt für Schritt erarbeitet es sich auf diese Weise Selbstvertrauen, lernt aber auch, mit negativen Erfahrungen angstfrei umzugehen.

Selbstwertgefühl bei Erwachsenen

Erwachsene bauen auf dem durch Erziehung erworbenen Selbstwertgefühl und Selbstvertrauen auf. Da ihnen mehr Möglichkeiten zur Selbsterprobung und -bewährung offenstehen, können sie sich auf anderen Feldern als Kinder und Jugendliche weiteres Selbstvertrauen und Bewußtsein des eigenen Wertes verschaffen. Zum Teil steht das mit Leistungen und Erfolgserlebnissen in Beziehung. Allerdings geht es dabei nicht (zumindest nicht nur) zwangsläufig um Geld, Statussymbole, Karriere, Ansehen und ähnliche äußere Erfolge.

Leistungen und Erfolgserlebnisse

Wichtig sind Erfahrungen,

Wirklich wichtig sind vorwiegend die Erfahrungen, die man unabhängig von Erwartungen und Bewertun-

die man selbst als Erfolge definiert

gen der Mitwelt selbst als Erfolge definiert. Es gehört zu den Aufgaben der Erziehung, auch diese Einsicht bewußt zu machen.

> Nicht selten genügt es bereits, einem Angstpatienten zu mehr Selbstvertrauen und Selbstwertgefühl zu verhelfen, damit er seine Ängste bald aus eigener Kraft unter Kontrolle bringen und ihre Ursachen abschließend verarbeiten kann.

Negative Erwartungen und Vorstellungen

Optimist auch bei Mißerfolgen oder Pessimist selbst bei Erfolgen?

Fast alle Ereignisse und Erfahrungen des Lebens lassen sich unter mindestens zwei Aspekten beurteilen: Ob einer auch bei Mißerfolgen und Niederlagen noch Optimist bleibt, ob einer selbst bei Erfolgen pessimistisch nach dem Haar in der Suppe forscht, wird häufig bereits in Kindheit und Jugend vorprogrammiert.

Positive Lebensgrundeinstellung

Eine ermutigende Erziehung mit positiven Vorbildern führt naturgemäß häufig zur positiven Lebensgrundeinstellung. Mangelnde Geborgenheit und Zuwendung, wenig Selbstvertrauen und Selbstwertgefühl hingegen enden häufig (wenngleich nicht zwangsläufig) mit negativer Grundstimmung, die das gesamte Leben überschattet.

Negative Grundstimmung

Positive oder negative Erwartungen und Vorstellungen

Zum Teil erleben wir positive oder negative Erwartungen und Vorstellungen nur in einigen Bereichen des Lebens (wie Beruf), oft wirken sie sich aber auf nahezu alle aus. Bei positiven Inhalten ist das günstig, bei negativen Gedanken kann es sich verheerend auswirken. In gewisser Weise sind wir nämlich auch ein Produkt dessen, was (und wie) wir denken.

Positive Grundhaltung prägt das ganze Handeln

Die positive Grundhaltung besitzt die starke Tendenz, sich ohne Zutun von Verstand und Willen eigendynamisch selbst zu verwirklichen, denn sie prägt das gesamte Verhalten und Handeln so, daß die positiven Erwartungen und Vorstellungen Realität werden. Leider gilt das auch umgekehrt für negative Inhalte, die sogar beste Chancen zunichte machen können.

Negative Gedanken machen beste Chancen zunichte

Manchmal wird positives Denken als Flucht aus der Realität mißverstanden. Nichts weniger als das wird damit angestrebt. Im Gegenteil: Positive Gedanken bleiben immer ganz nah an der Wirklichkeit und versuchen, sie so zu verändern, daß die positiven Erwartungen und Vorstellungen real werden. Umgekehrt gilt natürlich, daß negatives Denken auch die Realität verändert und Bedingungen schafft, die negative Vorstellungen und Erwartungen begünstigen.

Positive Gedanken bleiben nah an der Wirklichkeit

Negatives Denken begünstigt negative Vorstellungen

Aus naheliegenden Gründen neigen Menschen mit vorwiegend negativer Lebensgrundeinstellung vermehrt zu Angstzuständen. Wer überall Gefahren, Fallen und Risiken wittert und von vornherein nicht an Erfolge glaubt, wird selbst in den kleinen alltäglichen Belastungen, die das Leben uns allen immer wieder einmal beschert, bereits eine Katastrophe sehen. Das löst Angst aus, selbst wenn objektiv kein Anlaß dazu besteht.

Tendenz zu vermehrten Angstzuständen

Konflikte und Probleme des Alltags

Nur einem Eremiten fernab von der übrigen Welt bleiben wohl die meisten Belastungen durch Konflikte und Probleme erspart. Beim üblichen Lebensstil gehören sie einfach zum täglichen Leben. Manche der alltäglichen Belastungen sind leicht und werden pragmatisch abgearbeitet. Anders die tiefgreifenden Konflikte und ernsten Probleme, die nicht so leicht lösbar sind und von Emotionen begleitet werden. Die Palette der möglichen Gefühle reicht dabei von Gereiztheit und Aggressivität bis hin zu Angst und Depressionen, das hängt von der Persönlichkeit und den Umständen ab.

Konflikte und Probleme gehören zum täglichen Leben

> Es ist also nicht ungewöhnlich oder gar krankhaft, wenn stärkere Belastungen zu Angstreaktionen führen. Gerade daran zeigt sich die Warnfunktion der Angst, die auf Probleme und Konflikte aufmerksam macht und zu Lösungen auffordert.

Der Angst müssen die Grundlagen entzogen werden

Sobald es gelingt, der Angst die Grundlagen zu entziehen, verliert sie ihre Funktion und bildet sich wieder zurück.

Angst kann als Warnzeichen andauern

Wenn die Belastungen aber nicht zufriedenstellend zu lösen sind, dauert die Angst als Warnzeichen an. Im Lauf der Zeit wird sie chronisch, schließlich endet sie selbst dann nicht mehr, wenn die ursächlichen Probleme und Konflikte doch noch gelöst wurden. Sie hat sich verselbständigt und widersteht hartnäckig allen Versuchen, sie zu bewältigen.

Unerträgliches Leben durch dauernde Angst

Das Leben mit dauernder Angst und ihren Ursachen wird häufig so unerträglich empfunden, daß man die Verdrängung versucht, wenn keine echte Lösung in Sicht ist.

Verdrängung erschwert die Lösung von Problemen

Aber Verdrängung, so bequem und vorübergehend sinnvoll sie auch scheinen mag, kann eine ängstigende Situation nie dauerhaft beilegen. Im Gegenteil: Sie erschwert sogar die endgültige Lösung von Problemen und Konflikten. Die ins Unbewußte abgeschobenen Ursachen sind nicht mehr präsent, mithin kann man nicht gezielt gegen sie vorgehen. Damit schwinden die Chancen auf eine dauerhafte Bereinigung. Unter Umständen leidet man ein ganzes Leben an solchen verdrängten psychischen Inhalten.

Fachliche Hilfe annehmen

Wenn aus eigener Kraft keine Lösungen gelingen, sollte ohne falsche Scheu professionelle Hilfe gesucht werden.

Angst durch negativen Streß

Natürliches Antistreßprogramm

Das natürliche Antistreßprogramm befähigt uns im Grunde nur zu Kampf oder Flucht. Früher, als der

Streß noch körperlich, hart, zum Teil lebensbedrohlich war, genügten diese beiden Streßreaktionen. Beim subtilen, vorwiegend seelisch-geistigen, häufig chronisch überfordernden Streß unserer Tage helfen sie kaum noch. Trotzdem verändern sich verschiedene Körperfunktionen (wie Puls, Blutdruck, Muskelspannung) unwillkürlich so, daß Angriff oder Flucht körperlich möglich wären. Dazu mobilisiert der Organismus auch viel Energie.

Bei gelegentlichem mäßigem Streß normalisieren sich die Körperfunktionen allmählich, die Energien werden abgebaut. Der heutige Streß belastet zwar auch nur mäßig, besteht aber fast dauernd oder kehrt in kurzen Abständen zurück. So besteht keine Gelegenheit mehr, die Streßreaktionen völlig zu normalisieren, das Risiko von Krankheiten (wie Infarkt) steigt erheblich.

Der heutige Streß besteht fast dauernd

Der Zusammenhang zwischen Angst und Streß erklärt sich daraus, daß man sich der »stressigen« Aufgabe nicht gewachsen fühlt. Überdies greifen streßbedingte körperliche Veränderungen in die Biochemie der Psyche ein, was zusätzlich Angst erzeugt. Meist erfüllt die streßbedingte Angst eine wichtige Funktion, indem sie vor Überforderung warnt. Sie darf nicht ignoriert werden, sonst drohen ernstere Krankheiten.

Angst und Streß

Die streßbedingte Angst warnt vor Überforderung

Seelisch-geistige Krankheiten

Wie Schmerz bei körperlichen Erkrankungen kann Angst als Symptom seelisch-geistiger Krankheiten auftreten. Als häufigste Form gilt die *Angstneurose,* eine psychische Störung, die aus aktuellen oder verdrängten früheren Erfahrungen und Konflikten hervorgeht.

Angstneurose

Praktisch weisen wir alle vorübergehend oder lange Zeit einige neurotische Züge auf. Damit läßt sich problemlos leben, solche Eigenheiten gehören zur Persönlichkeit. Die Grenze zwischen solchen neurotischen Merkmalen und neurotischen Symptomen mit Krank-

Alle Menschen haben neurotische Züge

heitswert ist fließend. Am ehesten kann man eine Unterscheidung vielleicht vornehmen, indem man festzustellen versucht, ob und wie deutlich neurotische Züge den Betroffenen selbst und/oder seine Mitwelt beeinträchtigen. Letztlich kann das nur fachlich sicher beurteilt werden.

Unklares, quälendes Angstgefühl

Typisch für die neurotische Angst ist meist das unklare, quälende Angstgefühl. Häufig wird es von körperlichen Beschwerden begleitet, z. B. Herz- und Verdauungsstörungen. Ein Teil der Betroffenen wirkt allerdings nicht ängstlich, sondern unruhig, gereizt und aggressiv, die dahinter verborgene Angst wird dann lange nicht erkannt.

Zwangskrankheiten

Nicht selten steht Angst mit Zwangskrankheiten in Beziehung. Auch hier muß wieder unterschieden werden zwischen Zwängen, denen kein Krankheitswert beikommt, und den echten Zwangserkrankungen. So wird man viele alltägliche Gewohnheiten überhaupt nicht als zwanghaft erkennen (etwa die verbreitete Neigung, Bilder gerade zu rücken), sondern sie als Marotte tolerieren, obschon es sich zweifellos um einen Zwang handelt.

Wie bei Neurosen kann man als Maßstab die Frage anlegen, ob und wie stark der Betroffene und seine Mitwelt durch die Zwänge beeinträchtigt werden.

Depressionen

Bei Depressionen gehören Angstzustände unter Umständen zur Symptomatik, allerdings überwiegt im allgemeinen die depressive Stimmungslage. Wenn die Depression sich bessert, kann aber die Angst in den Vordergrund rücken.

Psychosen

Außer neurotischen Ängsten gibt es Psychosen, die sehr oft mit Angstzuständen einhergehen. Es führte zu weit, die verschiedenen Psychosen genauer vorzustellen. Zu den bekanntesten und häufigsten (1 Fall auf 100 Gesunde) gehört die Schizophrenie. Sie führt unter anderem zu Denk-, Willens-, Gefühlsstörungen, Halluzinationen, Wahnzuständen und Angst.

Schizophrenie

Ebenfalls nicht selten kommen Psychosen mit Depressionen vor, die sich nicht aus erkennbaren äußeren

Ursachen erklären und häufig von Angstzuständen begleitet werden. Als Sonderform kennen wir die manisch-depressive Krankheit, bei der sich Phasen tiefer Depression mit manischen Phasen abwechseln. Insbesondere während der depressiven Phasen kommen Angstzustände vor.

Manisch-depressive Krankheit

Gegen solche Psychosen ohne erkennbare Ursachen abzugrenzen sind die von außen (exogen) erzeugten Psychosen, bei denen ebenfalls Störungen des Denkens, Willens, der Gefühle und Stimmungen, Wahn- und Angstzustände auftreten. Hervorgerufen werden sie zum Beispiel durch körperliche Krankheiten (s. S. 12) oder bei Alkoholkrankheit (oft Entzugsdelirium). Exogene Psychosen können ausheilen, wenn die ursächliche Erkrankung erfolgreich behandelt wird.

Exogene Psychosen

Soziale Komponenten der Angst

Die Angst steht fast immer direkt oder indirekt mit den herrschenden sozialen Lebensbedingungen in Beziehung. Nicht von ungefähr sagt man, daß Angst »ansteckend« wirken kann, sich also unter Umständen auf andere Menschen und sogar große Gruppen übertragen läßt. Typisches Beispiel dafür sind Massenpaniken, bei denen der Anlaß oft in keinem rechten Verhältnis zum Ausmaß der Angst steht.

Angst steht mit sozialen Lebensbedingungen in Beziehung

Massenpaniken

Ängste im Wandel der Zeit

Praktisch immer wird Angst von kulturellen und zivilisatorischen Einflüssen mit geprägt, z. B. die geistigen, ethisch-moralischen, politischen und religiösen Strömungen einer Epoche. Deshalb unterscheiden sich die Ängste unserer Vorfahren in Teilen zwangsläufig von denen, die den heutigen Menschen belasten. An eini-

Von kulturellen Einflüssen mitgeprägt

gen Beispielen soll kurz veranschaulicht werden, wie sich die Ängste wandelten.

Griechenland und Rom

Als im antiken Griechenland und Rom die europäische Kultur begründet wurde, standen die Urängste vor Krankheit, Schmerzen, Tod und Zorn der Götter wohl im Vordergrund. Je nach sozialem Status des Einzelnen kamen zum Beispiel noch Angst vor Hunger, Armut und vor der Obrigkeit hinzu.

Mittelalter

Auch im Mittelalter quälten die Grundängste vor Krankheit, Schmerz und Tod die Menschen. Außerdem litten die meisten an Angst vor der weltlichen und geistlichen Obrigkeit, Inquisition, drakonischen Strafen der damaligen Rechtssprechung und häufigen Kriegen. Ferner war das Mittelalter stark durch die Angst vor Teufel, Hölle, Fegefeuer und ewiger Verdammnis geprägt, die zum Teil von den Eliten geschürt wurden, um die Menschen besser unter Kontrolle zu halten.

Heutige Angst

Weltliche und geistliche Obrigkeit erzeugen heutzutage im westlichen Kulturkreis kaum noch Ängste, eine humanere Justiz verlor viel an Angstpotential, Ängste vor Hölle und Teufel schrecken nur noch eine Minderheit, weil der Einfluß der Religionen deutlich zurückging. Nicht zuletzt spielt die Angst vor Hunger und Armut bei uns keine so große Rolle mehr. Statt dessen plagen uns heute Ängste, die noch vor wenigen Jahrzehnten unvorstellbar waren, etwa vor dem Rollenwandel der Geschlechter.

Angst in fremden Kulturkreisen

Zum Teil ganz andere Ängste findet man in fremden Kulturkreisen. Die Angst vor dem Tod verliert ihre Bedeutung in asiatischen Kulturen, die an die Wiedergeburt glauben. Angst vor Hunger, Verarmung, Regierung und Justiz besitzt in anderen Gesellschaften höheren Stellenwert als bei uns. Selbst in einer modernen Industriegesellschaft wie Japan weckt die Vorstellung, vor anderen »das Gesicht zu verlieren«, häufig noch massive Angstzustände, die wir nicht so recht nachvollziehen können.

Japan

Dieser kurze Abriß der zeitgeschichtlich bedingten

Wandlungen der Angst mag genügen, um zu demonstrieren, daß Ängste untrennbar der Zeit, in der man lebt, und dem vorherrschenden Zeitgeist unterworfen sind.

Neue Fragen nach Sinn und Werten

»Früher wäre das nicht möglich gewesen!« Nicht nur alte und ewig gestrige Menschen sagen das, die meisten Erwachsenen denken wohl zwischendurch so. Und dieser Ausspruch trifft zu, sowohl im negativen als auch im positiven Sinn. Falsch wird er, wenn damit die angeblich »gute alte Zeit« verklärt wird. Sie war längst nicht so gut, wie man im Rückblick oft glaubt, sie war nur anders.

»Früher wäre das nicht möglich gewesen«

Ein Grundproblem unserer Zeit spielte früher aber wirklich keine nennenswerte Rolle: Die Frage nach dem Sinn und den Werten des Lebens. Wer nicht zu den »aufmüpfigen Freigeistern« gehörte, bekam die Antworten damals gebrauchsfertig vorgesetzt. Den Sinn der Existenz definierten die Religionen, Werte und Maßstäbe wurden von den Eliten genau vorgegeben. Wer sich wenigstens formal an den Wertekonsens hielt, wurde dafür mit Sicherheit belohnt.

Frage nach dem Sinn des Lebens

Für die meisten Bewohner der westlichen Industriegesellschaften spielt Religion heute eine untergeordnete oder überhaupt keine Rolle mehr. Das mag man als Sieg der geistigen Freiheit begrüßen, aber es trägt maßgeblich mit zur Sinnkrise bei, an der mittlerweile viele Zeitgenossen unterschwellig chronisch leiden. Eine Folge kann unklare Angst sein. Daß die sinnstiftende Religion nach wie vor gefragt wäre, belegt der Zulauf, den asiatische Religionen und Weltanschauungen verzeichnen. Westliche Lehren hingegen erfüllen die Erwartungen der Menschen kaum noch.

Rolle der Religion

Unklare Angst als Folge der Sinnkrise

Sinnstiftende Religion

Auch traditionelle Werte, wie Ehrlichkeit, Treue, Fleiß, Zuverlässigkeit und Pflichtbewußtsein, stehen heute nicht mehr so hoch im Kurs, gelten teilweise so-

Traditionelle Werte stehen nicht mehr so hoch im Kurs

gar als Hindernisse auf dem Weg zum Erfolg. Die Einigung aller Mitglieder einer Gesellschaft auf eine Reihe grundlegender Werte gerät so ins Wanken, das Wertevakuum verunsichert und erzeugt Angst.

Rollenwandel für Frau und Mann

Traditionelles Rollenbild der Frau

Die traditionelle Verteilung der Geschlechterrollen beruhte mit auf Werten, die heute nicht mehr allgemein akzeptiert werden. Zwangsläufig wirkte sich das auch auf das weibliche und männliche Rollenverständnis aus.

Angst durch Wandel

Das traditionelle Rollenbild der Frau ging zu ihren Lasten, ein Wandel war also überfällig. Dennoch wirft er für beide Geschlechter Probleme auf. Veränderungen, auch die positiven, erzeugen zunächst oft Unbehagen, Unsicherheit, teilweise auch Ängste, die desto stärker ausfallen, je ausgeprägter sich der Wandel auswirkt. Die neu definierten Rollenbilder stellen eine erhebliche Veränderung dar, dementsprechend groß bleiben vorläufig noch Unsicherheit und Ängste.

Unsicheres Verhalten der Männer

Vor allem die Männer tun sich noch etwas schwer damit. Viele wissen schlichtweg nicht mehr genau, welches Rollenverhalten man von ihnen erwartet. Frauen scheint es leichter zu fallen, aber auch bei ihnen besteht noch Verunsicherung. Ein liberaleres Rollenverständnis läßt eben viel mehr Raum für falsches Verhalten mit erhöhtem Konfliktrisiko.

Wenn Kollegen zu Konkurrenten werden

Angst bei leitenden Mitarbeitern

Studien ergaben, daß leitende Mitarbeiter bis zu 70 % ihrer Arbeitszeit aufwenden, um ihre Position in der Betriebshierarchie zu sichern. Offenbar leiden sie unter ständiger Angst, andere könnten ihnen ihre Position streitig machen. Zur Abwehr werden oft Intrigen gesponnen, wenn die Konkurrenz nicht sogar regelrecht aus dem Betrieb »gemobbt« wird. In den 30 % der Zeit, die sie ihrer Arbeit widmen, erbringen sie wohl auch keine optimalen Leistungen, in der Regel hemmt Angst nämlich Leistungsvermögen und Motivation.

Angst hemmt Leistungsvermögen und Motivation

Gewiß gab es auch früher Konkurrenten um begehrte Positionen, Leistung wurde ebenso erwartet und etwa durch höheres Einkommen und/oder Aufstieg in der Betriebshierarchie belohnt.

Mittlerweile hat sich das Konkurrenzdenken jedoch zum großen Streßfaktor entwickelt, das nicht mehr nur leitende Angestellte betrifft, sondern auch die Ebenen darunter. Nicht selten tobt der Konkurrenzkampf so erbittert und gnadenlos, daß andere kaum noch als Mensch und Kollege, sondern nur noch als Konkurrent, wenn nicht gar »Feind«, wahrgenommen werden.

Streßfaktor Konkurrenzdenken

Eine weitere Quelle der Angst am Arbeitsplatz ergibt sich aus einer im Grunde sehr positiven Entwicklung: Automatisierung erfordert immer mehr hochqualifizierte Mitarbeiter, die viel Verantwortung tragen. Das bietet mehr Möglichkeiten zur Selbstentfaltung und Selbstbestätigung, erhöht die Bedeutung der eigenen Arbeit und steigert damit das Selbstwertgefühl.

Automatisierung am Arbeitsplatz

Zum Problem kann das werden, wenn Verantwortung für komplexe automatisierte Arbeitsabläufe übernommen wird, die man detailliert weder nachvollziehen noch steuern kann. Die passive Rolle, in die der Automat zwingt, führt nicht selten zur Angst vor einer Verantwortung, die man de facto überhaupt nicht mehr richtig wahrnehmen kann. Verschärft wird die Angst noch durch hohe Kosten, die bei Fehlern anfallen können.

Angst vor Verantwortung

Manche verkraften diese Situation mühelos, andere ziehen sich in die »innere Kündigung« zurück und leisten ihre Arbeit unbeteiligt und so bequem wie möglich ab.

Wer keine so lockere Einstellung zur Arbeit findet,

leidet erheblich unter dem obigen Konflikt. Vielleicht sucht er eine neue Arbeitsstelle, resigniert, reagiert depressiv oder aggressiv, entwickelt Angst- und Schuldgefühle. Das kann über kurz oder lang zur Krankheit führen, die belastende Situation am Arbeitsplatz endet dann nicht selten durch Frühinvalidität. Eine befriedigende Lösung bedeutet das auch nicht.

Konsum allein macht nicht glücklich

Es gehört zu den Binsenweisheiten, daß Geld und Konsum allein nicht glücklich machen. Der Umkehrschluß, daß Armut ein glücklicheres Leben garantiert, trifft ebenfalls nicht zu, eher das Gegenteil stimmt. Wenn schon unglücklich, dann wenigstens auf möglichst hohem finanziellem Niveau.

Unglücklich auf hohem finanziellem Niveau

Natürlich ist es legitim, auch nach materiellen Werten zu streben, die unter anderem Bequemlichkeit, Komfort und eine gewisse Sicherheit bieten. Problematisch wird das Streben nach Besitz und Konsum, wenn es einen Lebenssinn vorgaukelt. Unterschwellig spürt man immer, wie unbefriedigend das auf Dauer bleibt.

Ängste trotz Sicherheit

Wenn Wohlstand und Konsum Sicherheit vermitteln, wie können sie dann gleichzeitig Ängste verursachen? Dafür gibt es zwei wesentliche Gründe:

Angst vor dem Leben ohne Sinn

- Nehmen materielle Werte zu viel Raum ein, fühlt man sich über kurz oder lang meist unzufrieden und innerlich leer. Schließlich treten Angstzustände ein, die letztlich auf Angst vor dem Leben ohne Sinn basieren.

Wohlstand kann Ängste erzeugen

- Wohlstand beinhaltet immer ein Risiko, das berechtigte Ängste erzeugen kann. Man muß nicht gleich an Raub, Diebstahl und andere kriminelle Taten denken, Besitz kann auch durch Fehlinvestitionen oder Schicksalsschläge (wie Krankheit, Scheidung) verlorengehen.

Von materiellen Werten darf man also nie ein angstfreies Leben erwarten, nur die Ängste verändern sich, wenn man zu Wohlstand gelangt.

Kein angstfreies Leben durch materielle Werte

Der moderne Mensch – ein Einzelgänger?

Der heute im westlichen Kulturkreis verbreitete Lebensstil erscheint so frei und ungezwungen, wie es vor wenigen Jahrzehnten noch unvorstellbar war. Gleichzeitig schuf der Wandel der Arbeitswelt viel mehr Freizeit, in der die Freiheiten genutzt werden können. Optimale Voraussetzungen auch für vielfältige soziale Kontakte, möchte man meinen. Aber die Realität sieht anders aus, tatsächlich beklagen immer mehr Menschen ihre Vereinsamung, selbst wenn es ihnen an Bekannten eigentlich nicht mangelt. Entscheidend kommt es bei zwischenmenschlichen Beziehungen eben auf Qualität, kaum auf Quantität an.

Vereinsamung wird häufiger

Als soziales Wesen benötigt fast jeder Mensch ein Minimum an Kontakten zu anderen, die unter anderem für Selbstbewußtsein, Selbsterfahrung und Selbstwertgefühl nützlich sind.

Jeder Mensch benötigt ein Minimum an Kontakten

Wer sich aus freien Stücken für einige Zeit von der Mitwelt zurückzieht (z. B. in ein Kloster mit entsprechendem Angebot), kann das sehr positiv erleben. In der selbst gewählten Einsamkeit findet man mehr zu sich selbst, lernt abzuschalten und Erfahrungen ungestört zu verarbeiten. Allerdings wirkt Einsamkeit nur dann günstig, wenn man sie freiwillig sucht. Wer dazu (aus welchen Gründen auch immer) gezwungen wird, leidet darunter zum Teil so stark, daß körperliche und/oder psychische Störungen auftreten.

Nur freiwillige Einsamkeit wirkt günstig

Der heutige Mensch ein Einzelgänger? Die eingangs gestellte Frage muß grundsätzlich verneint werden, obwohl die soziale Isolation deutlich zugenommen hat. Es sind in erster Linie die Lebensumstände des modernen Alltags, etwa am Arbeitsplatz, in der Familie oder Partnerbeziehung, die heutzutage zwischenmenschliche Beziehungen erschweren.

Erschwerte zwischenmenschliche Beziehungen

Angst – was sie bedeutet und bewirkt

Es gibt nicht die Angst schlechthin, sondern verschiedene Erscheinungsformen mit unterschiedlichen Folgen. Manchmal tarnt sie sich so gut hinter anderen Symptomen, daß man sie längere Zeit nicht erkennt. Was Angst bedeutet und wozu sie führt, hängt vornehmlich von individuellen Umständen und deren Ursachen ab.

Angst hat verschiedene Erscheinungsformen

Individuelle Umstände

Realangst – scheinbar grundlose Angst

Die Realangst, oft auch als Furcht bezeichnet, erfüllt eine Warnfunktion, darf also nicht einfach unterdrückt werden. Vielmehr muß man fragen, worauf die Furcht hinweist, wovor sie warnen will. Nur so erkennt man mögliche Gefahren noch rechtzeitig und kann ihnen ausweichen.

Realangst = Furcht

Wovor warnt die Furcht?

Im Gegensatz zur scheinbar grundlosen Angst kann die Realangst auch von der Mitwelt nachempfunden und verstanden werden. Schließlich erleben wir praktisch alle hin und wieder das Gefühl der Furcht.

Realangst wird auch von der Mitwelt verstanden

Oftmals entwickelt sie sich aus alltäglichen Umständen, etwa im Straßenverkehr oder bei der Freizeitgestaltung, wenn man selbst unvertretbare Risiken eingeht oder durch andere gefährdet wird. Extreme Situationen als Ursachen der Furcht spielen nur eine untergeordnete Rolle, der heutige Lebensstil setzt uns nur noch selten derartigen Gefahren aus.

Alltägliche Umstände

Extreme Ursachen sind selten

Begründete Angst

Ferner entsteht begründete Angst, wenn man fürchten muß, für ein Verhalten, selbst verschuldete Fehler oder Versäumnisse in Verantwortung genommen, vielleicht gerügt und bestraft zu werden. In diesen Bereich gehören zum Beispiel Ängste vor Fehlern am Arbeitsplatz, vor schlechten Zensuren und Tadel in der Schule, nicht zuletzt natürlich die Realangst, bei kriminellen Taten erwischt und bestraft zu werden.

Beispiele

Zwar können wir praktisch alle begründete Furcht aus eigenem Erleben verstehen, dennoch tritt sie individuell unterschiedlich auf. Selbst wenn es sich um exakt die gleiche Situation handelt, wird sie von jedem anders beurteilt, und das ist in der Regel auch berechtigt. Der routinierte Fahrer zum Beispiel weiß, daß er dank seiner langen Fahrpraxis einer potentiell gefährlichen Lage gewachsen ist. Sein unerfahrener Kollege erkennt die mögliche Gefährdung ebenfalls, kann aber nicht so sicher sein, daß er sie unbeschadet übersteht, seine Angst ist also begründet. Sinngemäß kann das auf die meisten Angstauslöser übertragen werden.

Tritt individuell unterschiedlich auf

Sobald die Ursachen beseitigt wurden, verschwindet die Furcht wieder, sie hat ihre Aufgabe als Warnzeichen erfüllt.

Furcht verschwindet, wenn Ursachen beseitigt sind

»Du bist doch gesund, führst eine glückliche Ehe, deine Kinder sind wohlgeraten, bei deinen Freunden bist du beliebt und verdienst gut in deinem sicheren Job ... wie kannst du da von Angst reden?« Wer an Angstzuständen ohne erkennbare äußere Ursachen leidet, hört über kurz oder lang solche aufmunternd gemeinten Worte seiner Mitwelt. Mehr noch, er stellt sich die gleichen Fragen und findet auch keine Antwort. Das empfinden die Betroffenen häufig als besonders quälend, fühlen sie sich der Angst doch hilflos ausgeliefert, befürchten zum Teil auch, »verrückt« zu werden. Hinzu kommt, daß diese Angst keinen Zweck als Warnzeichen erfüllt, weil keine Gefahr erkennbar ist. Auch diese Sinnlosigkeit wirkt oft quälend.

Angst ohne erkennbare äußere Ursachen

Diese Angst dient nicht als Warnzeichen

Die Einsicht, daß die Ängste scheinbar unbegründet und unverständlich sind, ist von grundlegender Be-

Ängste sind nicht immer erklärbar

deutung. Auch Familie, Freunde und andere nahestehende Personen müssen lernen zu akzeptieren, daß Ängste nicht immer erklärbar sind, sondern schicksalhaft in das Leben eines jeden Menschen einbrechen können und dann (wie bei körperlichen Erkrankungen selbstverständlich) behandelt werden sollten.

Die Folgen der scheinbar grund- und sinnlosen Ängste unterscheiden sich nicht wesentlich von denen der Realangst. Im Vordergrund steht ein diffuses Angstgefühl, das schwer beschreibbar ist.

Diffuses Angstgefühl

Natürlich gibt es auch für die scheinbar grundlose Angst stets einen Anlaß. Anders als bei der Furcht wird er aber nicht ohne weiteres erkannt. Unter anderem führt man sie auf die gestörte Biochemie der Psyche zurück. Andere Theorien gehen davon aus, daß negative Erfahrungen in Kindheit, Jugend, zum Teil auch später, die Angst verursachen. Unerklärlich erscheint sie danach nur, weil die ursächlichen Ereignisse unverarbeitet ins Unbewußte verdrängt wurden. Erst wenn man den Zugang zu den in den Tiefen der Psyche vergrabenen Inhalten findet, wird die grundlose Angst erklärbar und kann bewältigt werden.

Auch für die scheinbar grundlose Angst gibt es einen Anlaß

Ursächliche Ereignisse wurden ins Unbewußte verdrängt

Die vielen Gesichter der Angst

Die Angst tritt in verschiedenen Formen auf, manchmal wird sie überhaupt nicht erkannt. Im Grunde erlebt jeder dieses Gefühl auf seine ureigene Weise. Vielleicht macht es sich nur als unklares allgemeines Unbehagen bemerkbar, mit dem man leben kann. In anderen Fällen leiden die Betroffenen individuell unterschiedlich stark unter generalisierter oder spezifischer Angst. Einige häufige Formen sollen nun vorgestellt werden.

Angst tritt in verschiedenen Formen auf

Jeder erlebt Angst auf seine Weise

Generalisierte Angststörung

Häufigste Form der Angst

Hauptmerkmale

Symptome

Diese häufige Form der Angst konzentriert sich nicht auf einzelne Lebensbereiche, sie kann das gesamte Leben durchdringen. Zu ihren Hauptmerkmalen gehört, daß man sie nicht genau erfassen, beschreiben und begründen kann. Typische Symptome sind allgemeines Unbehagen, Unruhe sowie das unbestimmte Gefühl, hilflos einer Gefahr ausgesetzt zu sein, die man aber nicht erkennen und bestimmen kann.

Scheinbar grundlose Angst

Eine generalisierte Angststörung tritt in der Regel als scheinbar grundlose Angst auf, äußere Auslöser wie bei Realangst sind nicht auszumachen. Die Betroffenen erkennen nicht unbedingt, daß ihr Unbehagen als Angst zu interpretieren ist, oftmals sehen sie dazu überhaupt keinen Anlaß.

Für Verlauf und Schweregrad der Angstkrankheit bleibt unerheblich, ob sie tatsächlich als Angst empfunden oder mit anderen Worten umschrieben wird, der Leidensdruck besteht in jedem Fall.

Unklare körperliche Symptome

Meist geht die allgemeine Angst mit unklaren körperlichen Symptomen einher. Dazu gehören unter anderem Herzbeschwerden, Angstschweiß, Zittern, Sehstörungen, Weinen oder auch unangebrachtes Lachen, bei schweren akuten Angstzuständen kann die Willenskontrolle über Harn- und/oder Stuhlentleerung verlorengehen.

Die körperlichen Beschwerden werden zunächst häufig auf eine organische Krankheit zurückgeführt und längere Zeit vergeblich mit den üblichen medizinischen Heilverfahren therapiert.

Grundangst vor Krankheit und Tod

Ängstliches Unbehagen

Der Gedanken an Krankheit, Schmerz und Tod ruft wohl bei den meisten Menschen »ängstliches Unbehagen«, im Extrem sogar massive Angstzustände hervor. Sobald man erst einmal akzeptiert hat, daß auch diese

Erfahrungen zum Leben gehören, müssen sie nicht mehr stärker belasten. Im Gegenteil: Solche Ängste können sogar anregen, das Leben in seinen vielen Facetten bewußter auszukosten und zu nutzen.

Tod gehört zu den Tabuthemen

Aber in den modernen westlichen Gesellschaften gehört der Tod mittlerweile zu den Tabuthemen, und auch mit Krankheiten beschäftigen sich die meisten erst, wenn es sich nicht mehr umgehen läßt.

Angst wird nicht bewältigt

Der kollektive Versuch der Gesellschaft, negative Aspekte des Lebens rasch zu verdrängen, ist ebenso wenig hilfreich wie die Verdrängung individueller Lebenserfahrungen. So wird Angst nicht wirklich bewältigt, sie kehrt »getarnt« mit anderen Symptomen zurück. Diesen fühlt man sich dann hilflos ausgeliefert, weil ihre Hintergründe nicht mehr bewußt sind.

Angst vor Krankheiten

Bei der Angst vor Krankheiten steht im Vordergrund sicher die Angst vor Schmerzen, Bewegungseinschränkungen, Abhängigkeit von Dritten und Verlust des Selbstbewußtseins bei Demenzkrankheiten (wie Alzheimer). Solche Gesundheitsstörungen nehmen seit einiger Zeit deutlich zu. Wenn die Menschen immer älter werden, treten zwangsläufig mehr Krankheiten auf, die bei geringerer Lebenserwartung selten vorkamen. Dies ist der Preis für die längere Lebensspanne.

Hypochondrie

Wenn die Angst vor Erkrankungen übersteigert auftritt, wird sie selbst zur psychischen Störung mit Krankheitswert, die man als *Hypochondrie* bezeichnet. Symptomatisch ist die ängstliche Selbstbeobachtung der Körperfunktionen, verbunden mit einer Überbewertung banaler Mißempfindungen. Der Hypochonder nimmt viele Körperfunktionen, die normalerweise überhaupt nicht bemerkt werden, bewußt wahr und deutet sie als Krankheitszeichen. So wird zum Beispiel das Völlegefühl im Magen nach einer schweren Mahlzeit für ihn sofort zum Warnzeichen eines Karzinoms.

Hypochonder

Häufig erlebt der Hypochonder eine wahre Odyssee durch zahlreiche Arztpraxen und Kliniken. Selbst wenn er eine Vielzahl von Untersuchungen über sich

Befürchtungen des Hypochonders

ergehen ließ, kann ihn die Diagnose »ohne Befund« nicht beruhigen. Vielmehr befürchtet er, daß man nicht richtig untersuchte, eine sehr seltene Erkrankung nicht erkannte oder ihm die Wahrheit über seine »schwere Krankheit« verschweigt.

Fachliche Psychotherapie wird nicht befolgt

Fachliche Psychotherapie wird dem Hypochonder meist erst nach Jahren empfohlen, wenn endlich ein Mediziner die psychischen Wurzeln der Beschwerden erkennt. Befolgt wird dieser Rat in der Regel nie, die Betroffenen fühlen sich gar persönlich angegriffen und als Simulanten diffamiert. Da sie felsenfest von ihren Erkrankungen überzeugt sind, können sie einer Psychotherapie unmöglich zustimmen, sonst müßten sie vor sich selbst einräumen, daß sie nicht körperlich krank sind. Häufig leiden sie deshalb ein Leben lang unter der übersteigerten Krankheitsangst.

Extremfall

Im Extremfall geht Hypochondrie in wahnhafte Überzeugung über, dann sind die Betroffenen fast keiner Therapie mehr zugänglich.

Lebens- und Zukunftsangst

Lebensangst

Die Lebensangst ähnelt der unklaren allgemeinen Angst, die Betroffenen können nicht genau angeben, was sie ängstigt. Oft erklären sie heutzutage, daß sie den Ansprüchen und Aufgaben des modernen Alltags nicht mehr gerecht werden und deshalb auch keinen rechten Lebenssinn mehr erkennen. Hier treffen verschiedene Ursachen von Ängsten zusammen, die sich letztlich alle auf die Bewältigung des Lebens auswirken.

Lebenssinn wird nicht mehr erkannt

Bei depressiven und alten Menschen

Vermehrt beobachtet man die allgemeine Angst vor dem Leben bei depressiven und alten Menschen. Beide Gruppen tun sich zum Teil schwer, sich dem raschen Wandel unserer Zeit anzupassen. Die Unsicherheit und Angst kann so tief reichen, daß die Betroffenen sich weitgehend aus zwischenmenschlichen Beziehungen verabschieden.

Häufig wird die Lebensangst von einer allgemeinen Zukunftsangst begleitet, die jedoch auch eigenständig vorkommt. Der Zusammenhang zwischen diesen beiden Angstformen läßt sich leicht nachvollziehen: Wer sich in seiner augenblicklichen Lebenssituation überfordert fühlt, projiziert seine negativen aktuellen Erfahrungen in die Zukunft. Ein solches Szenario schürt fast zwangsläufig die Angst vor der Zukunft.

Zukunftsangst

Mehr noch: Da Erwartungen und Vorstellungen stark dazu tendieren, sich eigendynamisch zu verwirklichen, besteht die hohe Gefahr, daß tatsächlich eintritt, was man von der Zukunft befürchtet. Auf diesen Teufelskreis der sich selbst erfüllenden Erwartungen und Vorstellungen kommen wir später (s. S. 40) gesondert zurück.

Gefahr der sich selbst erfüllenden Erwartungen

Natürlich ist es nicht abwegig, vor der Zukunft auch ein wenig Angst zu empfinden. Alle Veränderungen und alles Unbekannte werden normalerweise von Ängsten begleitet. Dieses allgemeine Angstgefühl kann aber stark motivieren, die Zukunft aktiv positiv zu gestalten. Bei Zukunftsangst mit Krankheitswert hingegen gehen alle Chancen und Möglichkeiten, die das künftige Leben bereithält, in der übermächtigen Angst unter.

Übermächtige Angst

Erwartungsangst erfüllt sich selbst

Unsere Gedanken, Erwartungen und Vorstellungen üben mehr Einfluß auf Verhalten und Handeln aus, als gemeinhin bewußt wird. Selbst wenn eine Erwartung nicht mit Vernunft und Willenszielen übereinstimmt, setzt sie sich häufig trotzdem durch.

Einfluß auf Verhalten und Handeln

Ein bestens vorbereiteter Prüfungskandidat zum Beispiel kann nach menschlichem Ermessen nicht durchfallen. Wenn er das aber erwartet, wird er die Prüfung entgegen aller Vernunft und Lebenserfahrung wahrscheinlich nicht schaffen. Die übermächtige Erwartung steuert ihn während der Prüfung so, daß die intensive Vorbereitung nicht mehr zum Tragen kommt.

Verhängnisvolle Dynamik

Besonders verhängnisvoll: Wenn eine Erwartung sich eigendynamisch selbst erfüllt, scheint das zu bestätigen, daß die Erwartungsangst berechtigt war. In diesem Teufelskreis verschlimmert sich die Angst mit jeder selbsterfüllten negativen Erwartung. Einen Ausweg findet man oft nur mit fachlicher Hilfe.

Individuelle Faktoren

Geprägt werden Gedanken, Erwartungen und Vorstellungen durch individuelle Faktoren. Erziehung wirkt dabei meist entscheidend mit, hinzu kommen die Erfahrungen des Lebens mit seinen Erfolgen und Mißerfolgen. Das alles bestimmt schließlich, ob ein Mensch eher positiv oder negativ »gepolt« wird.

Angst vor dem Unbekannten

»Alles fließt«

»Alles fließt«, lehrten die antiken griechischen Philosophen. Dem kann man auch heute noch zustimmen, Leben befindet sich ständig im Fluß. So ändern sich im Lauf der Zeit zum Beispiel die äußeren Lebensbedingungen, begleitet von Veränderungen der Persönlichkeit, die sich fließend weiterentwickelt. Manchmal bewirken schwerwiegende Einflüsse eine plötzliche stärkere Änderung, man denke an Unfälle oder Krankheiten, die schicksalhaft in das Leben einbrechen. Die meisten Veränderungen vollziehen sich jedoch langsam und zunächst unmerklich.

Langsame Veränderungen

Ob Familiengründung oder Scheidung, Wechsel des Arbeitsplatzes oder Arbeitslosigkeit (um nur einige häufige Ereignisse zu nennen), jede Veränderung bedeutet einen Schritt ins Unbekannte. Durch gründliche Überlegung und sorgfältige Planung kann man die Risiken zwar minimieren, letzte Sicherheit gibt es aber nie. So wird verständlich, daß der Schritt ins Unbekannte, der »Sprung ins kalte Wasser«, zunächst Unsicherheit erzeugt. Ob daraus Ängste hervorgehen, richtet sich entscheidend nach den Erwartungen, mit denen man sich auf unbekanntes Terrain wagt.

Jede Veränderung ist ein Schritt ins Unbekannte

Unsicherheit

Wer positiv denkt, nimmt die neuen Gegebenheiten mit Vorfreude und guten Mutes an und wird in der Regel erleben, daß sich der Wandel tatsächlich günstig auswirkt. Bei negativen Erwartungen besteht indes die Gefahr, daß die Veränderungen zum Mißerfolg oder gar zur »Katastrophe« führen, selbst wenn alles gut vorbereitet, durchdacht und geplant war.

Vorfreude bei positivem Denken

Katastrophe bei negativen Erwartungen

Es gibt keine Patentlösung, jeder muß den ihm gemäßen Weg selbst finden. Das kann im Einzelfall so schwerfallen, daß eine psychologische Beratung angezeigt ist.

Versagensängste

Es gehört zu den unausweichlichen Erfahrungen des Lebens, daß nicht alles gelingt, was man anpackt. In der modernen Leistungsgesellschaft fällt es besonders schwer, dies zu akzeptieren. Nicht allein im Beruf wird heute volle Leistung gefordert, das übersteigerte Leistungsprinzip wirkt auch in Lebensbereiche hinein, in denen es nichts zu suchen hat. Ein Beispiel dafür ist der Begriff »sexuelle Leistungsfähigkeit«, der Sex zu einer Art Leistungssport macht.

Nicht alles gelingt

Am Arbeitsplatz versteht es sich von selbst, daß Leistungsbereitschaft und -fähigkeit in vernünftigem Maße gefordert werden und ein Versagen unter Umständen zu ernsten Konsequenzen führen kann. Extremes Beispiel dafür ist der Pilot eines Verkehrsflugzeugs, der in einer kritischen Situation versagt, so daß der Flieger abstürzt.

Leistungsfähigkeit am Arbeitsplatz

In Partnerschaft, Familie, Freizeit und beim Sex (um auf obiges Beispiel zurückzukommen) erscheint Leistungsdenken hingegen als völlig verfehlt.

Verschärft wird die Angst vor fehlerhaften Leistungen, wenn sich aus den einzelnen Versagenserlebnissen, die man immer wieder in Kauf nehmen muß, negative Gedanken, Erwartungen und Vorstellungen entwickeln. Dann geht die einfache Angst vor dem Scheitern in die *Erwartungsangst* über, die Betroffenen

Erwartungsangst

erwarten förmlich ihr Versagen. So wird Scheitern geradezu vorprogrammiert.

Das allgemein übliche gelegentliche Scheitern ohne nennenswerte Folgen verursacht kaum Erwartungsangst. Bei häufigerem Versagen, das vielleicht auch noch zu größeren Schäden führt und/oder über kurz oder lang den Arbeitsplatz gefährdet, nimmt der Druck auf die Betroffenen derart zu, daß sich schon bald massive Versagens- und Erwartungsangst mit all ihren ungünstigen Auswirkungen einstellen kann.

Großer Druck bei häufigerem Versagen

Lampenfieber und Prüfungsangst

Versagens- und Erwartungsängste

Diese Formen der Angst ähneln sich, bei beiden geht es letztlich um Versagens- und Erwartungsängste. Im Einzelfall kann es sich allerdings auch um eine Realangst handeln, wenn man sich zum Beispiel nicht gründlich genug auf eine Prüfung vorbereitet hat und deshalb zu Recht befürchten muß, daß man sie nicht besteht.

Diese Ängste sind nützlich

Grundsätzlich sind derartige Ängste bis zu einem gewissen Grad sogar nützlich, denn sie aktivieren alle verfügbaren Kräfte und Fähigkeiten. Schädlich wirken sie freilich, wenn sie den Betroffenen über den Kopf wachsen, negative Gedanken, Erwartungen und Vorstellungen provozieren.

Prüfungsangst

Mit der üblichen *Prüfungsangst* wird ein psychisch einigermaßen stabiler Proband fertig. Erst wenn die Prüfung mit früheren ungünstigen Erfahrungen in Beziehung gesetzt wird (oft unbewußt), drohen die oben genannten Probleme.

Lampenfieber

Vom *Lampenfieber* spricht man vor allem bei Rednern, Schauspielern, Sängern, Tänzern und ähnlichen Künstlerberufen, bei denen man vor Publikum auftritt. Letzten Endes steht dahinter ebenfalls die Angst, beim Auftritt zu versagen und sich vor den Zuschauern zu blamieren. Selbst die »alten Hasen« in diesen Berufen leiden meist noch darunter, es scheint unabhängig von Routine zu den Auftritten zu gehören.

Versagensangst

In der Regel läßt es nach, sobald der Auftritt beginnt und man einen »Draht« zum Publikum findet. Gelegentlich wird diese Form der Angst aber so übermächtig, daß der Beruf nicht mehr ausgeübt werden kann, wenn der Betroffene sich keiner Therapie unterzieht.

Entscheidungsschwäche – Folge der Angst

Ob man ein neues Haus baut oder den Arbeitsplatz wechselt, ohne Krawatte aus dem Haus geht oder nur einen leichten Salat zu Mittag ißt, stets trifft man in solchen Situationen Entscheidungen zwischen zwei oder mehr Möglichkeiten.

Jede Entscheidung bedeutet, daß man sich auf Neuland begibt

Jede Entscheidung bedeutet, daß man sich auf Neuland begibt, und beinhaltet die Möglichkeit des Irrens und Scheiterns. Selbst die lapidare Entscheidung über das Mittagessen kann sich als falsch herausstellen, wenn zum Beispiel der Salat nicht schmeckte. Wie gut oder ungünstig eine Entscheidung ist, kann im voraus nie zuverlässig beurteilt werden, erst das Ergebnis zeigt, ob man richtig oder falsch lag. Aus dieser nie ganz vermeidbaren Unsicherheit kann sich Angst vor Entscheidungen entwickeln, man versucht dann, ihnen so weit wie möglich aus dem Weg zu gehen.

Angst vor Entscheidungen

Natürlich liegen Welten zwischen der Entscheidung für einen neuen Arbeitsplatz und der für einen Salat zum Mittagessen. Beim Salat riskiert man allenfalls, daß er nicht schmeckt, beim Arbeitsplatz steht oft die ganze weitere Existenz, Selbstverwirklichung und Lebensqualität auf dem Spiel. Deshalb ist gut nachvollziehbar, daß sich bei wichtigeren Entscheidungen stärkere Unsicherheit und Angst bemerkbar machen. Man fühlt sich dann vielleicht ein wenig »klamm«, läßt sich davon aber in der Regel nicht abhalten, nach ausreichender Überlegung zu entscheiden.

Stärkere Unsicherheit und Angst bei wichtigeren Entscheidungen

Es wäre pure Zeitverschwendung, über das Mittagessen ebenso gründlich nachzudenken oder sich gar vor der Entscheidung für die falsche Mahlzeit zu ängstigen. Das würde in keinem vernünftigen Verhältnis zueinander stehen.

Entscheidungen orientieren sich an einem Grundmuster

Dennoch beobachtet man bei vielen Menschen, daß sie sich bei Entscheidungen an einer Art Grundmuster orientieren. Wer sich zum Beispiel schwer für ein neues Haus entscheiden kann, tut sich häufig auch schwer mit der Entscheidung, mit oder ohne Krawatte aus dem Haus zu gehen. Solche individuellen Prägungen hängen mit der Persönlichkeit und den Erfahrungen des Lebens zusammen.

> Maßgeblich wirken bei Entscheidungen auch wieder die Gedanken, Erwartungen und Vorstellungen mit, die ebenfalls Produkte der Persönlichkeit und Erfahrungen sind.

Positive Erwartungen bei Entscheidungen

Wer mit einer Entscheidung positive Erwartungen verknüpft, wird sich auch in schwierigen Situationen leichter (und oft richtig) entscheiden, als wenn er dazu nur negative Gedanken entwickeln kann. Die Angst vor Entscheidungen nimmt bei negativem Denken naturgemäß noch zu, gleichgültig nach welchem Grundmuster man sich normalerweise entscheidet.

Sich selbst erfüllende Erwartungsangst

Hier kommt dann auch wieder die sich selbst erfüllende Erwartungsangst ins Spiel. Nach einigen Fehlentscheidungen stellen sich Zweifel an der eigenen Kompetenz ein. Sie wirken sich besonders gravierend aus, wenn man sich ohnehin schwer entscheiden kann.

Negative Gedanken bei Selbstzweifeln

Mit den Selbstzweifeln tauchen bei jeder künftigen Entscheidung immer deutlicher negative Gedanken auf. Dadurch wird das Handeln und Verhalten so ungünstig bestimmt, daß die negativen Erwartungen sich tatsächlich eigendynamisch erfüllen.

> Mit jeder realisierten negativen Vorstellung werden Selbstzweifel (scheinbar) bestätigt, sie verschlimmern sich. Am Ende kann das zur ausgeprägten Entscheidungsschwäche selbst bei Kleinigkeiten führen.

Wenn dieser Teufelskreis frühzeitig erkannt wird, läßt er sich zum Teil noch aus eigener Kraft durchbrechen. Oft müssen aber erst bei der fachlichen Beratung die Ursachen aufgedeckt werden, damit man sie überwinden kann.

Fachliche Beratung muß Ursachen aufdecken

Soziale Ängste

Solche Ängste treten im zwischenmenschlichen Bereich auf und äußern sich sehr verschieden. Vielen Menschen vertraut ist zum Beispiel die Angst, vor anderen eine Rede zu halten. Ferner gehört die Schüchternheit mit Angst, auf andere zuzugehen und mit ihnen zu kommunizieren, sowie die vor allem bei jungen Menschen (Mädchen) nicht seltene Angst vor dem Erröten zu den Sozialängsten.

Treten im zwischenmenschlichen Bereich auf

Schüchternheit

Angst vor dem Erröten

Als sehr ausgeprägte Form kennen wir die *Soziophobie,* die dazu führt, daß man aus Angst vor anderen Menschen kaum noch das Haus verläßt, sich im Extrem sogar völlig einigelt und von der Versorgung durch andere abhängig wird.

Soziophobie

Es gibt Anzeichen dafür, daß die Soziophobie heutzutage zunimmt. Aber auch die anderen sozialen Ängste scheinen auf dem Vormarsch. Das kann teilweise mit dem tiefgreifenden Wandel der modernen Industriegesellschaft in Beziehung stehen.

Soziale Ängste scheinen auf dem Vormarsch

Die damit einhergehenden Veränderungen erlauben zwar, daß man ungezwungener miteinander umgeht, zwangsläufig verliert man damit aber auch viele der lange Zeit vorgegebenen Verhaltensmuster. Diese hemmten früher sicherlich den sozialen Umgang, gaben andererseits aber auch verläßlich vor, welches Ver-

Die Befreiung von Konventionen und traditionellen sozialen Regeln verunsichert heute, weil Fehler in den zwischenmenschlichen Beziehungen leichter vorkommen.

halten die Gesellschaft in verschiedenen Situationen erwartete.

Individuelle Faktoren

Aber ob sich der soziale Wandel tatsächlich ungünstig auf die sozialen Kontakte auswirkt, hängt maßgeblich mit von individuellen Faktoren ab. Bei kontaktfreudigen Menschen beinhaltet das ungezwungenere soziale Leben letztlich mehr Chancen als Risiken. Für Kontaktscheue kann das jedoch zum »Minenfeld« werden, in dem man häufig aneckt.

Kontaktscheuer

Auf Kontaktfreude oder Kontaktscheu nehmen die gesellschaftlichen Veränderungen im allgemeinen geringeren Einfluß als individuelle Faktoren, insbesondere Persönlichkeit, Entwicklung, Erziehung und eigene soziale Erfahrungen im Alltag. Wer nach seiner Persönlichkeit und Erziehung dazu neigt, sich nicht in den Vordergrund zu drängen, sondern lieber unauffällig bleibt, wird auch bei zwischenmenschlichen Beziehungen eher abwarten, wie andere sich verhalten, und ob sie auf ihn zugehen. Mit etwas Geduld und Glück findet er einige wenige Freunde, die diese Bezeichnung wirklich verdienen, und fühlt sich in diesem kleinen Kreis wohl.

Kontaktfreudiger

So wenige Kontakte wären für den entgegengesetzten Persönlichkeitstyp unerträglich. Er steht gern im Mittelpunkt und produziert sich vor anderen, dazu benötigt er natürlich ein größeres »Publikum«. Quantität rangiert bei ihm vor Qualität, er nimmt also in Kauf, daß seine sozialen Beziehungen oberflächlicher bleiben.

Soziale Ängste bei beiden Persönlichkeiten

Soziale Ängste können bei beiden Persönlichkeiten entstehen. Der eine fürchtet vielleicht die Vereinsamung und Isolation; der andere mag in stillen Stunden Angst davor empfinden, trotz vieler Kontakte letztlich auf sich allein gestellt zu sein, wenn es einmal auf echte Freundschaft ankommt.

Angst, abgewiesen zu werden

Eine Angst ist aber den meisten Menschen gemeinsam, unabhängig von der Persönlichkeit, die Angst nämlich, bei einem Kontaktversuch abgewiesen zu werden. Das gehört mit zu den sozialen Erfahrungen, die am stärksten belasten. Objektiv betrachtet kann die Ablehnung eines Kontakts natürlich auf Ursachen beruhen, die mit dem Kontaktsucher nichts zu tun haben, z. B. vorangegangener Streß oder Müdigkeit. Trotzdem wird die Situation häufig als Ablehnung der eigenen Persönlichkeit empfunden, die mit einem negativen Werturteil verbunden ist. Das wirkt verletzend und läßt keinen Raum mehr für objektive Betrachtung.

Als Ablehnung der eigenen Persönlichkeit empfunden

Im Lauf der Zeit kann durch wiederholte Erfahrungen dieser Art der Eindruck entstehen, man sei für die Mitwelt zu uninteressant und keiner zwischenmenschlichen Beziehung »würdig«. Dadurch wird das gesamte weitere Sozialverhalten negativ beeinflußt, nicht selten enden die Betroffenen aus Angst vor psychischen Verletzungen in der Vereinsamung.

Für die Mitwelt uninteressant?

Ende in der Vereinsamung

Die Angst vor Ablehnung durch andere kann alle sozialen Kontakte be- und verhindern. Um das zu vermeiden, sollte man sich zunächst vergegenwärtigen, daß man selbst auch nicht immer und mit jedem Menschen Kontakt aufnimmt. Dieses selbstverständliche Recht muß umgekehrt den anderen ebenfalls zugestanden werden.

Angst vor Ablehnung kann alle sozialen Kontakte behindern

Ferner hilft die Einsicht, daß nicht jede Ablehnung persönlich gemeint sein muß. Es gibt viele individuelle Gründe dafür, auf ein Kontaktangebot nicht einzugehen, z. B. der falsche Zeitpunkt, an dem der andere vielleicht mit Sorgen und Problemen zu kämpfen hat oder schlichtweg zu müde und nicht in der richtigen Stimmung ist. Alle diese Gründe kennen wir alle, es sollte also nicht schwerfallen, sie bei anderen zu respektieren.

Nicht jede Ablehnung muß persönlich gemeint sein

Aber selbst wenn eine Zurückweisung tatsächlich bedeutet, daß der andere die eigene Persönlichkeit ablehnt und damit ein negatives Werturteil ausdrückt, ist das ganz natürlich. Schließlich lehnt man selbst auch immer wieder andere mit einer negativen Bewertung ab. Es wäre unrealistisch zu erwarten, daß man von allen Menschen mit offenen Armen empfangen wird,

Man lehnt selbst auch andere ab

Die »Chemie« paßt nicht

manchmal paßt einfach die »Chemie« nicht zusammen. Letztlich erscheint es da sogar günstiger, daß keine Beziehung zustande kam, die nur alle Beteiligten frustriert hätte.

Selbstbewußtsein und Selbstwertgefühl

Mit einer gesunden Portion Selbstbewußtsein und Selbstwertgefühl gelingt es, soziale Ängste durch die obigen Einsichten zu minimieren. Freilich wird nicht jeder gleich mit unvermeidlichen zwischenmenschlichen Enttäuschungen so sachlich-locker umgehen. Dann hilft fachliche Beratung dabei, soziale Frustrationen richtig einzuordnen und zu verarbeiten.

Phobien und Panikattacken

Viele Menschen leiden an einer Phobie

Viele Menschen leiden an einer Phobie (griech. *phobos* = Furcht, Flucht), ohne sich dessen bewußt zu sein. Typisches Beispiel dafür sind die verbreiteten Angstreaktionen auf Spinnen, Schlangen, Ratten und andere »Ekeltiere«. Obwohl es sich dabei eindeutig um eine psychische Störung handelt, kommt ihr in der Regel kein Krankheitswert zu. Derartige Phobien belasten weder die Betroffenen selbst noch ihre Mitwelt, man kann damit ohne nennenswerte Probleme leben. Meist findet man bei anderen sogar Verständnis dafür, leiden zumindest einige von ihnen doch unter ähnlichen Angstreaktionen.

Psychische Störung

Krankhafte Phobien

Ganz anders bei den krankhaften Phobien, die nicht nur psychisch belasten, sondern oft auch noch die alltägliche Lebensführung erheblich behindern können.

Was ist eine Phobie?

Eine Phobie liegt vor, wenn starke Angstzustände durch bestimmte Objekte, Situationen und/oder Lebewesen provoziert werden. Die Angstreaktion steht in keinem vernünftigen Verhältnis zu solchen Auslösern. In der Regel wissen die Betroffenen genau, daß ihre Ängste unangemessen sind, können sie aber dennoch nicht durch Verstand und Willen kontrollieren. So entsteht auch bei Phobien häufig das quälende Gefühl, der Angst ausgeliefert zu sein.

Unangemessene Ängste können nicht kontrolliert werden

Typische Phobien sind neben den oben bereits genannten Tierphobien z. B. noch:

- *Agoraphobie* mit Angst vor dem Aufenthalt auf freien Plätzen, öffentlichen Straßen und in öffentlichen Verkehrsmitteln, zum Teil auch noch Angst davor, schützende geschlossene Räume zu verlassen;

Agoraphobie

- *Klaustrophobie* mit Angst vor dem Aufenthalt in geschlossenen Räumen, insbesondere wenn diese keine Fluchtmöglichkeit bieten (etwa im Aufzug), ferner die Angst vor dicht gedrängten Menschenmassen;

Klaustrophobie

- *Erythrophobie* mit Angst vor dem Erröten allgemein oder in bestimmten Situationen; unter Umständen wird das Erröten durch die Phobie erst verursacht.

Erythrophobie

- *Sozialphobie,* dritthäufigste psychische Störung überhaupt, mit Angst vor anderen Menschen (auch wenn diese sich freundlich verhalten) und vor Auftritten in der Öffentlichkeit generell.

Sozialphobie

Die vielen anderen möglichen, teils seltenen Phobien können hier nicht mehr aufgeführt werden.

Häufig bei Menschen mit neurotischen Störungen

Häufig beobachtet man Phobien bei Menschen mit neurotischen Störungen der Persönlichkeitsentwicklung, bei denen die Inhalte eines Konflikts verdrängt und auf eine reale Ebene verlagert wurden, wodurch die phobische Störung entsteht.

Können bei Depressionen auftreten

Ferner können sie im Zusammenhang mit Depressionen und weiteren individuellen psychischen Problemen auftreten. Unter Umständen werden auch Erschöpfungszustände vorübergehend von Phobien begleitet, bis man sich wieder ausreichend erholt hat.

Die Betroffenen versuchen, möglichst allen Situationen aus dem Weg zu gehen, in denen es zu phobischen Reaktionen kommen könnte. Zum Teil gelingt das ohne nennenswerte Umstände, oft schränkt dieses Vermeidungsverhalten jedoch die freie Lebensführung deutlich ein. So nehmen Phobiker zum Beispiel viele Mühen auf sich, um nicht in geschlossene Räume gehen zu müssen, oder verringern ihre sozialen Kontakte bis hin zur völligen Isolation aus Angst vor dem Erröten.

> Grundsätzlich sollten alle Phobien, die das eigene Leben mehr als nur unwesentlich beeinträchtigen, möglicherweise auch noch Dritte in Mitleidenschaft ziehen, alsbald behandelt werden.

Griechischer Gott Pan

In der griechischen Mythologie gibt es Pan, den Gott der Hirten und Herden. Von ihm wurde erzählt, daß er sich in der Stille des Mittags damit vergnügte, durch laute Geräusche Mensch und Tier in heftige Angst zu versetzen. Davon leiten sich die umgangssprachliche »panische Angst« und das Fachwort *Panik* oder *Paniksyndrom* ab.

Panik

Panisch

Im allgemeinen Sprachgebrauch nennt man jede plötzliche starke Angstreaktion *panisch,* aber das entspricht nicht genau dem Paniksyndrom der Psychologie. Dieses wird als plötzlicher extremer psychischer Ausnahmezustand definiert, bei dem die Angst als Symptom im Vordergrund steht. Die Panik kann bei einzelnen Menschen auftreten, aber auch in einer größeren Menschenmenge ausbrechen. Letzteres zieht oft schwere Unfälle bei einigen Beteiligten nach sich.

Extremer psychischer Ausnahmezustand mit Angst

Steuerung des Verhaltens durch Verstand oder Willen setzt aus

Zum Paniksyndrom gehört auch, daß die Steuerung des Verhaltens durch Verstand und Willen fast gänzlich aussetzt, weil die Hirnrinde die Kontrolle weitgehend verliert. So kommt es zur sinnlosen Selbstaufopferung einzelner Personen (die hinterher oft als »Helden« gefeiert werden), zu ziellosen Fluchtbewegungen, Rücksichtslosigkeit, offener Aggressivität bis hin zu erschreckender Brutalität. Das erklärt zum Beispiel, weshalb bei einer Massenpanik häufig Menschen zu Tode getrampelt werden.

Sinnlose Selbstaufopferung

Brutalität

Auslöser der Panik

Auslöser der Panik kann eine reale Gefährdung sein, nicht selten aber auch ein belangloses Ereignis. So genügt es unter Umständen bereits, wenn in einer

Menschenmenge jemand laut »Feuer« ruft, um eine Panik auszulösen, obwohl keiner der Beteiligten von dem angeblichen Brand etwas bemerkt. Die Massenpanik geht dann in Flucht über, bei der alle Hindernisse gewaltsam beseitigt werden.

Massenpanik

Die blitzartige Verbreitung der Panikreaktion in einer Menschenmenge wird auf den *Carpenter-Effekt* zurückgeführt. Der britische Mediziner *William Carpenter* (1813–1885) erkannte bei seinen Studien, daß die Vorstellung oder Wahrnehmung einer Bewegung unwillkürlich dazu führt, daß man sie ansatzweise oder teilweise nachzuahmen versucht. Auf das Paniksyndrom übertragen bedeutet dies, daß die Beteiligten zum Beispiel Fluchtbewegungen einiger Personen wahrnehmen oder sich (etwa beim Alarmruf »Feuer«) solche Bewegungen vorstellen. Das endet damit, daß diese vorgestellten oder tatsächlich wahrgenommenen Bewegungen nachgeahmt werden, die Panik sich also unwiderstehlich auf alle ausbreitet.

Carpenter-Effekt
William Carpenter

Übrigens kennt man dieses Phänomen auch bei Rinderherden, die durch einen Reiz in Panik versetzt werden. Bei einer solchen Stampede rennen die Tiere kopflos so lang im Kreis, bis sie erschöpft zusammenbrechen.

Stampede

Angstreaktionen des Körpers

Meist geht Angst mit mehr oder minder starken körperlichen Beschwerden einher. Unter Umständen stehen die organischen Angstreaktionen sogar derart im Vordergrund, daß das Angstgefühl überhaupt nicht richtig bewußt wird. Dann behandelt man häufig lange Zeit wie bei einer körperlichen Krankheit, was naturgemäß aber zu keiner nennenswerten Besserung führt.

Angst und körperliche Beschwerden

Nicht selten suchen die Betroffenen über Jahre hinweg immer wieder andere Mediziner auf, stets mit der Hoffnung, daß endlich einer die vermeintlich körperliche Erkrankung erkennt. Dieser Erwartung kann aber nie erfüllt werden, weil die körperlichen Beschwerden eben nicht auf organischen Ursachen beruhen.

Keine organischen Ursachen

Findet sich schließlich doch noch ein Therapeut, der den psychischen Hintergrund der unerklärlichen Symptome erkennt, bedeutet das zunächst häufig keine Erleichterung für die Patienten. Eine organische Krankheit wäre vielen sogar »lieber« gewesen, weil immer noch viele Vorurteile gegen psychische Störungen bestehen. Unter Umständen wird die richtige Diagnose der Angst von den Betroffenen abgelehnt und sie machen sich erneut auf die Reise durch medizinische Praxen, um doch noch einen organischen Befund zu erhalten.

Vorurteile gegen psychische Störungen

Zwei wichtige Merkmale legen bei unklaren körperlichen Beschwerden den Verdacht auf eine psychische (Mit-)Ursache nahe:

Merkmale, die auf psychische Ursache hindeuten

- Trotz umfangreicher Untersuchungen gelingt es nicht, eine organische Ursache der Symptomatik nachzuweisen.
- Alle Arzneimittel, die bei körperlich bedingten Symptomen im allgemeinen gut wirksam sind, können den Zustand nicht nennenswert und dauerhaft bessern.

In seltenen Fällen liegt trotz gründlichster Diagnostik vielleicht doch eine seltene Erkrankung vor, die übersehen wird. Deshalb darf man erst dann von psychischen Faktoren ausgehen, wenn das so gut wie möglich auszuschließen ist.

Meist sind die obigen beiden Merkmale aber typisch für seelische Störungen, die sich hinter den körperlichen Symptomen verbergen. Das bedeutet keineswegs, daß die Beschwerden nur »eingebildet« sind, sie bestehen tatsächlich und fallen zum Teil sogar schwerer aus als bei einer organischen Erkrankung.

Die Betroffenen wissen nichts von den seelischen Krankheitsfaktoren

Die Betroffenen wissen in der Regel jedoch nichts von den seelischen Krankheitsfaktoren. Aus ihrer

Sicht erscheint der Widerstand gegen eine psychosomatische Erklärung ihrer Beschwerden also berechtigt.

Es erfordert viel Überzeugungsarbeit, bis die Patienten die maskierten psychischen Hintergründe akzeptieren können. Zur Heilung ist diese Einsicht unverzichtbar, es hilft nichts, die Augen davor zu verschließen.

Ausbruch von Angstschweiß

Vegetatives Nervensystem

Das vegetative Nervensystem, das aus dem Sympathikus- und Parasympathikus-Anteil besteht, gilt als eines der Bindeglieder zwischen Körper und Psyche. Deshalb reagiert es auch auf Gefühle (z. B. Angst) und erzeugt körperliche Anpassungen. Da dieser Teil des Nervensystems autonom arbeitet, können die von ihm ausgelösten Reaktionen des Körpers nicht willentlich beeinflußt werden. Weil Angstzustände auf Einflüssen beruhen, die zumindest subjektiv als bedrohlich beurteilt werden, reizt Angst stets den Sympathikus-Anteil des vegetativen Nervensystems.

Angst reizt den Sympathikus

Zu den Körperfunktionen, die Sympathikus und Parasympathikus unwillkürlich steuern, gehört auch die Schweißabsonderung. Normalerweise reguliert Schwitzen die Körpertemperatur. Steigt sie über das verträgliche Maß (um 37 °C) an, wird rasch vermehrt Schweiß abgegeben, dessen Verdunstungskälte die Temperatur wieder normalisiert. Diese Steuerung ist lebenswichtig, denn viele Körperfunktionen laufen nur dann korrekt ab, wenn die Körpertemperatur sich innerhalb der zulässigen Bandbreite bewegt.

Schwitzen reguliert die Körpertemperatur

Unabhängig von der Temperatur im Körper kann Schweiß aber auch als Reaktion auf Gefühle ausbrechen. Da Angst den Sympathikus-Anteil anregt, kann es zur vermehrten Schweißabsonderung kommen. Zum Teil beschränkt sich dieser Angstschweiß auf einzelne Körperpartien (wie Stirn, Handflächen, Achsel-

Schweiß als Reaktion auf Gefühle

höhlen), oft bricht er jedoch am ganzen Körper aus. Auch sorgfältige Hygiene vermag das nicht zu verhindern.

Da Schweißausbruch ohne objektive Ursachen (wie körperliche Anstrengung, hohe Außentemperatur) meist als »peinlich« empfunden wird, leiden die Betroffenen erheblich darunter. Besonders schlimm wird es, wenn die Handteller bei einer Begrüßung mit Handschlag feucht sind. Das kann dazu führen, daß die Patienten soziale Kontakte weitgehend vermeiden.

Feuchte Handteller

Stellen sich psychisch bedingte Schweißausbrüche häufiger ein, besteht das Risiko, daß daraus eine Erwartungsangst hervorgeht. Aufgrund der früheren Erfahrungen ängstigt man sich in bestimmten Situationen vor dem sicht- und/oder spürbaren Schwitzen, das sich infolge dieser negativen Erwartung auch prompt einstellt.

Gefahr einer Erwartungsangst

Solche wie an einer Kette aneinandergereihten negativen Erwartungen, die sich selbst erfüllen, schaukeln sich immer weiter auf. Schließlich findet man ohne fachliche Hilfe nicht mehr aus diesem Teufelskreis. Das läßt sich verhüten, indem rechtzeitig gegengesteuert wird, ehe die negativen Erwartungen sich tatsächlich immer häufiger selbst bestätigen.

Rechtzeitig gegensteuern

Zittern und Verkrampfungen

Es ist seit langem geläufig, daß zum Beispiel die Knie »vor Angst schlottern« können. Dieses Angstzittern macht sich zum Teil nur lokal bemerkbar, häufig durch zitternde Finger, kann aber auch den gesamten Körper erfassen.

Angstzittern

Schuld daran hat wieder der durch die Angst gereizte Sympathikus. Er verursacht rhythmisch aufeinanderfolgende Zusammenziehungen der Muskeln, die als fein- oder grobschlägig wahrgenommen werden.

Wie alle körperlichen Reaktionen, an denen das autonome Nervensystem mitwirkt, läßt sich auch das

Zittern nicht willentlich beherrschen. Es nützt also wenig, wenn man versucht, sich bewußt »zusammenzureißen«, unter Umständen verstärkt sich das Zittern dadurch sogar noch.

Zittern kann nicht beherrscht werden

Auch wenn der Zusammenhang zwischen Zittern und Angstzuständen offenkundig scheint, sollte bei längerer Dauer vorsorglich eine fachliche Untersuchung veranlaßt werden. Manche Nervenkrankheiten machen sich nämlich ebenfalls durch Zittern und Ängste bemerkbar. Eine zuverlässige Unterscheidung zwischen psychisch und körperlich bedingtem Zittern ist erst durch die neurologische Untersuchung möglich.

Fachliche Untersuchung bei längerer Dauer

Die Muskulatur reagiert bei Angst nicht unbedingt (oder nicht nur) mit Zittern. Vielmehr kann die psychische Anspannung über das vegetative Nervensystem auch die Muskelspannung erhöhen. Das führt zu akuten oder chronischen Muskelschmerzen, die oft lange Zeit mit Rheuma verwechselt und dementsprechend falsch behandelt werden.

Angst kann Muskelspannung erhöhen

Insbesondere bei chronischen Angstzuständen erleben viele Patienten, daß mit den schmerzhaften Verspannungen der Muskulatur die Angst abnimmt oder ganz zu verschwinden scheint. Das bedeutet jedoch nicht, daß die Angst tatsächlich überwunden wäre. Die moderne Körperpsychotherapie (s. S. 159) erklärt dieses Phänomen daraus, daß die Ängste in der Muskelspannung gleichsam »eingefroren« werden und deshalb aus dem Bewußtsein verschwinden.

Besonders oft treten muskuläre Verspannungen im Bereich der Nacken-, Hals- und Schultermuskulatur sowie am Kreuz auf. Die ganze Region um die Wirbelsäule herum gilt aus psychosomatischer Sicht als eine »Wetterecke« der Psyche, weil seelische Einflüsse hier besonders häufig zu Verspannungen und Schmerzen führen. Unter anderem steht das mit der symbolischen Bedeutung der Wirbelsäule für die körperliche wie seelische Haltung in Beziehung. Hinzu kommt, daß Wirbel und Bandscheiben häufig besonders stark beansprucht werden, so daß schon früh erste Schäden ein-

Wirbelsäule als »Wetterecke« der Psyche

treten. In vorgeschädigten Körperregionen machen sich psychische Einflüsse meist zuerst und am deutlichsten bemerkbar.

Psyche als mögliche Ursache bei chronischen Rückenschmerzen

Sicher darf man nicht alle Schmerzen im Rücken und Kreuz pauschal mit seelischen Faktoren erklären. Aber zumindest bei chronischen oder häufig wiederkehrenden Beschwerden soll die Psyche als mögliche Ursache mit einbezogen werden, obwohl sie nicht der alleinige Grund sein muß.

Aus einer psychischen Beteiligung erklärt sich wohl auch die scheinbar paradoxe Tatsache, daß Patienten mit chronischen starken Rückenschmerzen oftmals keine nennenswerten Wirbel-Bandscheiben-Schäden aufweisen, während umgekehrt andere mit ausgeprägter Schädigung praktisch keine Symptome verspüren.

Gründliche Abklärung vor der Therapie

Solche Zusammenhänge müssen vor allem für die Therapie gründlich abgeklärt werden. Sonst besteht das Risiko, daß ein Patient unnötig operiert wird und danach immer noch an den psychisch bedingten Schmerzen leidet.

Verdauungs- und Ausscheidungsstörungen

Angst kann zum Verlust der Harn- oder Stuhlkontrolle führen

Im Volksmund spricht man schon lange davon, daß sich jemand »vor Angst in die Hosen macht«. So drastisch muß es zwar nicht immer kommen, aber eine akute hohe Angstbelastung kann durchaus zum Verlust der Harn- und/oder Stuhlkontrolle führen. Auch daran ist wieder das Nervensystem beteiligt, das die Ausscheidungen teils willentlich, teils unwillkürlich steuert. Die Willenskontrolle kann bei großer Angst (etwa in einer lebensbedrohlichen Situation) vorübergehend verlorengehen. Eine dauerhafte angstbedingte Harn-Stuhl-Inkontinenz muß indes nicht befürchtet werden.

Verkrampfungen der Verdauungsmuskulatur

Wesentlich häufiger verursachen Angstzustände jedoch Verkrampfungen der Muskulatur der Verdauungs- und Ausscheidungsorgane. Unter anderem kann es zu Koliken des Magen-Darm-Trakts und der ableitenden Harnwege kommen. Ob man auch hier davon ausgehen darf, daß die Angst in solchen Muskelkrämpfen »eingefroren« wird, bleibt noch umstritten, grundsätzlich wäre es vorstellbar.

Koliken des Magen-Darm-Trakts

Unabhängig von Inkontinenz und Koliken treten vor allem bei chronischen Angstzuständen noch verschiedene andere Verdauungs- und Ausscheidungsstörungen auf.

Relativ oft leiden die Betroffenen an hartnäckigem Durchfall, bei Darmverkrampfungen auch an dauernder spastischer Stuhlverstopfung. Seltener wird die Harnausscheidung abnorm vermehrt oder eingeschränkt.

Hartnäckiger Durchfall

Sowohl bei Durchfall als auch bei erhöhter Urinabgabe drohen bereits nach kurzer Zeit Flüssigkeits- und Mineralstoffverluste. Wenn man nicht rechtzeitig behandelt, können sie lebensbedrohlich werden, als 1. Warnzeichen spürt man häufig Muskelkrämpfe in den Beinen. Dann muß so bald wie möglich eine Untersuchung veranlaßt werden.

Flüssigkeits- und Mineralstoffverluste drohen

Wenn zu wenig Urin ausgeschieden wird, steigt das Risiko, an Blasen-, Nierensteinen und anderen Schädigungen der Ausscheidungsorgane zu erkranken.

Chronische Darmträgheit verursacht nach neuerer Auffassung wahrscheinlich keine direkte Schädigung der Darmschleimhaut, wie lange vermutet wurde. Allerdings können bei hartnäckiger Verstopfung Stoffwechselgifte wieder aus dem Darm aufgenommen werden, die unter anderem zu unreiner Haut und chronischen Kopfschmerzen führen.

Chronische Darmträgheit

Herzangst – Kreislaufstörungen

Das Herz spricht auf seelische Einflüsse besonders sensibel an. Obwohl heute allgemein bekannt ist, daß es als Hohlmuskel lediglich Blut durch den Organismus pumpt, assoziieren viele Menschen es unterschwellig

Das Herz spricht besonders sensibel auf seelische Einflüsse an

immer noch mit Gefühlen. »Das Herz bleibt fast stehen vor Angst« oder »die Angst drückt schier das Herz ab«, mit solchen Weisheiten drückt der Volksmund seit langem aus, wie anfällig das Herz für psychische Faktoren sein kann.

Herzangst

Medizinisch faßt man die verschiedenen unklaren Herzsymptome, die seelisch bedingt sind, oft unter dem Oberbegriff *Herzangst* zusammen. Im Vordergrund steht dabei häufig ein Angstgefühl, das aus der Herzgegend aufzusteigen scheint. Als weitere Beschwerden treten zum Beispiel noch Herzjagen, Druck- und Engegefühl über dem Herzen, Beklemmung, teils auch Herzschmerzen auf. Nicht selten verlaufen sie so heftig, daß man zunächst eine ernstere organische Herzkrankheit befürchten muß, auf die sich bei der Untersuchung aber keine Hinweise ergeben.

Symptome

Sorgfältige Diagnose

Ohne sorgfältige Diagnostik kann auch der Mediziner nicht zuverlässig zwischen psychisch bedingten und organischen Herzbeschwerden unterscheiden. Damit eine Herzkrankheit nicht irrtümlich als Herzangst diagnostiziert und dementsprechend nicht wirksam behandelt wird, geht man zunächst grundsätzlich von organischen Ursachen aus, bis diese sicher ausgeschlossen wurden.

Verhalten der Patienten

Eine 1. Verdachtsdiagnose orientiert sich am Verhalten der Patienten. Während sie bei psychischen Herzsymptomen meist sehr unruhig wirken, verhalten sich organisch Herzkranke oft instinktiv ruhiger, um das kranke Organ nicht unnötig zu belasten. Aber diese grobe Unterscheidung genügt nicht zur sicheren Diagnose.

Druck-, Enge- und Beklemmungsgefühl, Herzrhythmusstörungen und ähnliche unklare Beschwerden können auch dann mit Angstzuständen in Beziehung stehen, wenn die Angst nicht bewußt wird. In solchen Fällen können die Betroffenen sich meist nicht mit den Ursachen ihrer Ängste auseinandersetzen, sondern verdrängen sie unbewältigt. Da sie so aber nicht verarbeitet werden, machen sie sich auf an-

Ängste werden unbewältigt verdrängt

dere Weise bemerkbar, z. B. durch funktionelle Herzbeschwerden.

Wenn das Herz unter der Angst leidet, treten zusätzlich oft *Kreislaufstörungen* ein. Insbesondere auf die Spannung der Gefäßmuskulatur wirken die Angstzustände sich aus. Verkrampfen sich diese Muskeln, werden die Gefäße enger, der Blutdruck steigt, und die Durchblutung wird behindert. Seltener erschlaffen die Blutgefäße und werden weitgestellt, so daß es zum mehr oder minder deutlichen Abfall des Blutdrucks kommt. Unter Umständen fällt man vor Angst sogar in Ohnmacht, wenn der Blutdruck zu stark sinkt.

Kreislaufstörungen

Blutdruck steigt

Abfall des Blutdrucks ist seltener

Als weitere mögliche Folgen angstbedingter Kreislaufreaktionen können noch Schwindel, blasses Gesicht und kalte Gliedmaßen eintreten. Betreffen die Durchblutungsstörungen innere Organe (wie Leber, Nieren), führt das zur Schwächung der Organfunktionen.

Schwindel und kalte Gliedmaßen

Weitere körperliche Folgen

Die enge Wechselbeziehung von Körper und Psyche verursacht im Einzelfall noch eine Reihe anderer unklarer Beschwerden. Auch daran wirkt wieder der Sympathikus-Anteil des vegetativen Nervensystems maßgeblich mit.

Häufig leiden Angstpatienten an gestörten Atemfunktionen, da zwischen Atmung und Psyche intensive Beziehungen bestehen. Diese Tatsache wird seit langem bei Meditations- und Entspannungstechniken (wie Yoga, autogenes Training) genutzt, die praktisch alle mit Atemübungen verbunden sind.

Gestörte Atemfunktionen

Besonders oft geht die Angst mit schneller Kurzatmung einher, so als würden die Betroffenen von ihren Ängsten »gehetzt«. Es kann aber auch zur Verkrampfung der Bronchien mit asthmaähnlicher Atemnot kommen, wenn nicht gar hektische Kurzatmung und Atemnot abwechselnd auftreten.

Schnelle Kurzatmung

Atemnot

Die bei den Herz-Kreislauf-Störungen bereits erwähnten Gefäßkrämpfe rufen nicht selten häufig wiederkehrende oder chronische Kopfschmerzen hervor, wenn sie die Hirngefäße erfassen.

Kopfschmerzen

Schließlich seien noch Störungen des Sehvermögens erwähnt (z. B. verschwommenes Sehen), die bei Muskelverkrampfungen an den Augen und/oder durch abnorm erweiterte Pupillen gelegentlich oder häufiger eintreten. Zum Teil begleiten Kopfschmerzen die Sehstörungen.

Störungen des Sehvermögens

Auf weitere Angstreaktionen des Körpers muß an dieser Stelle nicht mehr eingegangen werden.

Wenn Angst die Seele beherrscht

Angst povoziert auch psychische Reaktionen

Unabhängig von körperlichen Symptomen provoziert das Angstgefühl stets auch psychische Reaktionen. Allerdings ist möglich, daß diese nicht voll bewußt werden, sondern die körperlichen Beschwerden im Vordergrund stehen. Aber selbst wenn die seelischen Symptome wahrgenommen werden, gelingt es nicht immer, dahinter auf Anhieb die Angst als Grundursache zu erkennen. Das erschwert Diagnose und Therapie unter Umständen erheblich.

Um das möglichst zu vermeiden, sollten alle psychischen Störungen ganz bewußt registriert werden, denn aus ihrer Kombination (etwa Unruhe mit Antriebsschwäche und Hoffnungslosigkeit) wird die ursächliche Angst häufig deutlicher ersichtlich. Bei fachlicher Behandlung müssen dem Therapeuten möglichst alle psychischen Reaktionen mitgeteilt werden, damit er rascher und zuverlässiger die Diagnose stellen und danach gezielt behandeln kann.

Undefinierbares Unbehagen

Zu den psychischen Angstreaktionen gehört oft ein allgemeines Unbehagen, das weder genauer beschrieben noch erklärt werden kann. Manche der Betroffenen geben an, daß sie sich bedrückt, niedergeschlagen, hilflos und/oder bedroht fühlen. Aus diesen vieldeutigen Symptomen läßt sich der Angstzustand jedoch nicht diagnostizieren.

Vieldeutige Symptome

Nur zum Teil können solche unklaren Empfindungen bewußt der Angst zugeordnet werden, teils bleibt sie dahinter verborgen. Die versteckten Ängste belasten häufig besonders stark, weil man ihre spürbaren Folgen nicht erklären kann.

Angst bleibt häufig verborgen

Das Unbehagen wirkt sich auch auf andere psychische Vorgänge bedrückend aus. Insbesondere die allgemeine Stimmungslage wird oft in Mitleidenschaft gezogen, so daß zusätzlich Melancholie, Niedergeschlagenheit, Pessimismus und ähnliche Anzeichen einer depressiven Verstimmung eintreten können. Unter Umständen empfindet man die begleitende Depression wesentlich stärker als die Angstsymptome, was häufig zu falschen Diagnosen und Therapien führt. Deshalb muß bei unklaren Depressionen immer an mögliche Angstzustände als Grundursachen gedacht werden. Allerdings läßt sich das letztlich meist nur mit fachlicher Hilfe genau abklären.

Allgemeine Stimmungslage ist betroffen

Depression wird stärker empfunden als die Angst

Das allgemeine Unbehagen darf keinesfalls vorschnell als Angstsymptom gedeutet werden. Selbst wenn man die Angst bewußt spürt, bedeutet das nicht zwangsläufig, daß sie tatsächlich für das Unbehagen verantwortlich ist. Ein so vieldeutiges Symptom kann auf verschiedene Ursachen hinweisen, die bei Bedarf fachlich diagnostiziert werden sollten.

Allgemeines Unbehagen ist keine Angst

Nervosität, Unruhe und Gereiztheit

Vieldeutige Symptome

Für diese Symptome gilt gleichfalls, daß sie zu vieldeutig sind, um daraus Angstzustände abzuleiten. Fast jeder Mensch fühlt sich zwischendurch einmal nervös, unruhig und gereizt, ohne daß deshalb eine psychische Störung besteht. Der heute übliche Lebensstil führt bei vielen sogar dazu, daß sie überhaupt nicht mehr richtig abschalten und entspannen können. Der anhaltende Streß verursacht dann chronische Nervosität und Unruhe, teils begleitet von Gereiztheit. Erst die Begleitumstände lassen erkennen, ob es sich um die üblichen Streßfolgen oder um psychische Störungen handelt.

Anhaltender Streß

Der Zusammenhang zwischen Nervosität, Unruhe und Gereiztheit mit der Angst läßt sich leicht nachvollziehen: Angstzustände erzeugen innere Anspannung und verhindern Entspannung, man kann sich nicht mehr richtig erholen, wird unruhig, nervös und oft auch gereizt. Das gilt selbst dann, wenn man die Ängste bewußt nicht spürt.

Angst verhindert Entspannung

Wird der Angstzustand bewußt, können seine Inhalte die seelisch-nervösen Symptome unter Umständen verstärken. Dann kann man nämlich die Grundlagen der Angst erkennen und individuell bewerten. Wenn eine unklare Angst vielleicht nur allgemeines Unbehagen hervorruft, kann die Einsicht in die Wurzeln des Angstzustands heftigere Reaktionen provozieren. Das hängt davon ab, welche Bedeutung man ihnen beimißt.

Bewußte Angst kann die Nervosität verstärken

Verschlimmert werden die Beschwerden häufig durch chronische Schlafstörungen. Einmal erklären sie sich eben aus dem Unvermögen, wirklich zu entspannen. Darüber hinaus kann die Angst selbst den Schlaf rauben.

Chronische Schlafstörungen verschlimmern die Beschwerden

Schlafmangel führt auch ohne Angstzustände bald zu Nervosität, Unruhe und Gereiztheit. Dadurch wird wiederum der Schlaf noch länger und stärker beeinträchtigt. Aus diesem Kreislauf, der auch noch mit ne-

Schlafmangel

gativen Erwartungen (wie »Ich tue bestimmt wieder kein Auge zu!«) zusammenhängt, hilft unter Umständen nur eine vorübergehende medikamentöse Behandlung, das läßt sich nur individuell beurteilen.

Gereiztheit kann die Situation verschlechtern

Bei Patienten mit sozialen Ängsten kann Gereiztheit die Situation erheblich verschlechtern. Wer auf die Mitwelt ständig gereizt reagiert, provoziert mehr oder minder heftige Gegenreaktionen, so daß die sozialen Probleme zunehmen können. Irgendwann droht dann häufig völlige Vereinsamung.

Antriebs- und Leistungsschwäche

Nur wenige Menschen bringen so viel Selbstdisziplin und Selbstbeherrschung auf, daß ungünstige psychische Einflüsse (wie etwa die Angst) ihre Antriebs- und Leistungskräfte nicht nennenswert beeinträchtigen. Bei den meisten verändert die Psyche die Leistungsfähigkeit und Motivation mehr oder minder stark. Das kann sich zwar auch positiv auswirken, aber nicht bei Angstzuständen. Vielmehr hemmen diese das individuelle Leistungsvermögen erheblich, abhängig davon, wie stark die Angst das Leben beherrscht.

Psyche verändert die Leistungsfähigkeit und Motivation

Angstzustände hemmen das Leistungsvermögen

Das erklärt sich einmal daraus, daß ein Leben in Angst viel geistig-seelische Energie kostet, die für Leistungen nicht mehr zur Verfügung steht. Ferner können Ängste einzelne Leistungen besonders deutlich behindern. Unter anderem werden Denken, Gedächtnis und Konzentrationsfähigkeit durch die Angst beeinträchtigt. Da diese geistigen Fähigkeiten nicht allein für geistige Leistungen notwendig sind, leidet auch die körperliche Leistungsfähigkeit mit unter Angstzuständen.

Ängste können einzelne Leistungen deutlich behindern

Auch die körperliche Leistungsfähigkeit leidet unter der Angst

Hinzu kommt, daß Angst negative Gedanken fördert, die indirekt ebenfalls die Leistungen stören. Häufig trauen die Angstpatienten sich nichts mehr zu, entwickeln Erwartungsängste vor Fehlern und Versagen.

Angst fördert negative Gedanken

Man kann gut nachvollziehen, wie deutlich sich das

Leistungsbremse

als Leistungsbremse auswirkt. In schweren Fällen sind die Betroffenen kaum noch in der Lage, die einfachsten alltäglichen Leistungen zu erbringen, werden am Ende gar lebensuntüchtig. Dabei spielt auch wieder eine Rolle, daß die negativen Erwartungen sich meist selbst erfüllen und die Verunsicherung verschlimmern.

Verunsicherung wird verschlimmert

Der innere Antrieb spielt eine wichtige Rolle für viele Aktivitäten, unter anderem auch bei der Leistungsbereitschaft und -fähigkeit. Positive Gedanken, Gefühle und Erwartungen steigern die Antriebskräfte erheblich. Da Angstpatienten kaum noch in der Lage sind, positive Gedanken zu entwickeln und sich damit zu motivieren, leiden sie in aller Regel mehr oder minder ausgeprägt an Antriebsschwäche.

Angstpatienten entwickeln kaum positive Gedanken

Antriebsschwäche

Ungünstige Auswirkungen auf Verhalten und Handeln

Das wirkt sich ungünstig auf die meisten psychischen Funktionen aus, unter anderem auf Verhalten und Handeln. Zum Teil geht die Fähigkeit, sich Ziele zu setzen und sie dann gut motiviert zu realisieren, durch die angstbedingte Antriebsschwäche weitgehend verloren. Erfolgserlebnisse, die wieder positive Gedanken und Erwartungen begründen könnten, werden praktisch nicht mehr erlebt.

»Lähmende Angst«

Umgangssprachlich kennt man schon lange die »lähmende Angst«, eine durchaus zutreffende Bezeichnung für die Antriebs- und Leistungsschwäche bei Angstzuständen.

Totstellreflex

Eine Theorie erklärt diese Blockade der Aktivität aus einem vermuteten Totstellreflex, den man auch bei Tieren beobachtet. Wer sich bei Angst »totstellt«, kann gefährliche Situationen eher überstehen, lautet eine einleuchtende Erklärung dafür. Ob es den Totstellreflex auch beim Menschen gibt, kann noch nicht sicher beantwortet werden.

Hoffnungslosigkeit – Verzweiflung

Bei starken akuten Angstzuständen, mehr noch bei chronischer Angst, fühlen sich die Betroffenen häufig hilflos ausgeliefert. In einem solchen Zustand stellt sich zwangsläufig Hoffnungslosigkeit bis zur tiefen Verzweiflung ein. Die Patienten sind dem extremen Streß einer unklaren Bedrohung kaum mehr gewachsen und können sich nicht vorstellen, daß und wie sich diese Situation jemals wieder ändern wird.

Betroffene fühlen sich hilflos ausgeliefert

Extremer Streß einer unklaren Bedrohung

Der völlige Mangel an positiven Erwartungen muß als ernstes Warnzeichen verstanden werden. Wer keine Hoffnung mehr aufbringt, erkennt keine Auswege mehr. Nicht selten versuchen die verzweifelten Menschen, der unerträglichen Angst durch den Freitod zu entkommen. Das erscheint ihnen immer noch »gnädiger« als ein weiteres Leben in Angst.

Völliger Mangel an positiven Erwartungen

Freitod

Selbsthilfe bleibt in solchen Fällen meist ebenso unwirksam wie die Hilfsangebote der Mitwelt. Angehörige und andere Bezugspersonen sollten versuchen, die Patienten so zu motivieren und zu überzeugen, daß sie schließlich fachliche Hilfe in Anspruch nehmen, ehe es zu spät ist.

Fachliche Hilfe ist notwendig

Trotz aller berechtigten Vorbehalte gegen Psychopharmaka erscheint es in solchen Situationen geboten, schwer Angstkranke zunächst medikamentös zu entlasten; dies auch deshalb, weil fachliche Psychotherapie schwer gelingt, solang die Patienten in Angst und Verzweiflung gefangen sind. Erst die Arzneimittel schaffen dann die Voraussetzungen dafür, daß die Betroffenen einer Therapie zugänglich werden. Überdies sollen die Medikamente das Suizidrisiko minimieren.

Medikamentöse Behandlung

Wege aus der Angst

– Erfolgreiche Hilfe bei Angststörungen –

Ein Leben ganz frei von Angst ist kaum möglich und im Grunde auch nicht erstrebenswert. Abgesehen von unserer Grundangst, die sich aus dem Bewußtsein des Todes als unabänderlichem Schicksal ergibt, erleben wir immer wieder Situationen, in denen Ängste als Warnzeichen auf Risiken hinweisen.

Ein Leben ohne Angst ist nicht möglich

Solche Ängste, so belastend sie auch sein mögen, erfordern in der Regel aber keine Therapie, sofern sie auf einer realistischen Einschätzung der Situationen beruhen. Selbsthilfe oder fachliche Beratung wird notwendig, wenn grundlose Ängste auftreten oder zunächst vielleicht berechtigte Ängste anhalten, nachdem sie ihre Warnfunktion erfüllt haben.

Ängste als Warnzeichen auf Risiken

Fachliche Beratung bei grundloser Angst

Verdrängung oder medikamentöse Unterdrückung der Angst erscheint als einfachste und schnellste Lösung, auf Dauer geht das jedoch nur selten gut. Selbst grund- und sinnlos anmutende Ängste müssen schließlich angenommen, be- und verarbeitet werden, damit sie nicht das gesamte weitere Leben stören oder gar zerstören. Wenn das nicht aus eigener Kraft gelingt, sollte die fachliche Therapie Wege aus der Angst aufzeigen.

Verdrängung und medikamentöse Unterdrückung helfen auf Dauer nicht

Mit der Grundangst, die wohl fast jeder Mensch hin und wieder empfindet, können und müssen wir leben. Das muß heute besonders hervorgehoben werden, weil viele dazu neigen, alle unangenehmen Erfahrungen und Empfindungen zu vermeiden. Auf diese Weise gelingt es mit Gewißheit nicht, die Grundangst zu ertragen, dazu muß man sie als selbstverständlichen Bestandteil des Lebens integrieren.

Wir müssen mit der Grundangst leben

Voraussetzungen jeder Therapie

Ob man nun versucht, die Angst aus eigener Kraft zu bewältigen oder dazu fachliche Beratung sucht, stets müssen zur Therapie die notwendigen Voraussetzungen bestehen. Von besonderer Bedeutung ist, daß die Angst nicht dauernd verdrängt, sondern angenommen wird, sowie der zuverlässige Ausschluß körperlicher Störungen als Angstursache.

Angst muß angenommen werden

Körperliche Ursachen ausschließen

Wie weiter vorne (s. S. 12) bereits aufgezeigt, können Ängste durch körperliche Ursachen entstehen und/oder zu körperlichen Symptomen führen. Deshalb müssen Angstzustände mit organischen Beschwerden, die nicht bald wieder verschwinden, grundsätzlich zunächst als möglicher Ausdruck einer körperlichen Erkrankung verstanden werden. Klarheit verschafft erst die gründliche medizinische Untersuchung, nach deren Befund sich die Behandlung richtet.

Möglicher Ausdruck einer körperlichen Erkrankung

Wenn körperliche Ursachen der Angstzustände diagnostiziert werden, behandelt man sie zunächst mit den gebräuchlichen Heilverfahren. Beruhen die Ängste ausschließlich auf solchen körperlichen Störungen, gehen sie im Verlauf dieser Therapie ohne zusätzliche Psychotherapie zurück.

Handelt es sich bei den organischen Beschwerden jedoch um Folgen der Angst, kann medizinische Behandlung allein zwar lindern, die körperliche Symptomatik aber nicht vollständig beseitigen und die Angststörung nicht oder allenfalls mäßig beeinflussen. In solchen Fällen steht die psychologische Hilfe im Vordergrund, mit deren Erfolg auch die physischen Folgen verschwinden. Ob die Psychotherapie genügt oder durch medizinische Maßnahmen ergänzt werden soll, läßt sich nur individuell beurteilen.

Organische Beschwerden als Folge der Angst

Psychologische Hilfe

Falls die Angstzustände ohne körperliche Begleiterscheinungen bestehen, reicht die psychotherapeutische Hilfe aus, Ansätze für eine zusätzliche körperliche Behandlung sind dann nicht erkennbar. Allerdings bedeutet das nicht unbedingt, daß organische Ursachen völlig ausgeschlossen werden dürfen. Denkbar ist nämlich auch eine körperliche Erkrankung im Frühstadium, die zunächst nur zur Angst als Warnzeichen führt.

Angst ohne körperliche Begleiterscheinungen

Bei vermeintlich rein psychisch bedingten Angststörungen muß deshalb besonders gründlich untersucht werden, damit man keine organischen Ursachen übersieht.

Gründliche Untersuchung

Sprechen die Ängste in solchen Fällen nicht zufriedenstellend auf die alleinige Psychotherapie an, sollte die körperliche Untersuchung vorsorglich in kürzeren Abständen wiederholt werden, ehe eine beginnende Krankheit zu spät diagnostiziert wird.

Angst annehmen, nicht verdrängen

Ähnlich wie der Körper verfügt auch die Psyche über eine Art »Selbstheilungskraft«. Wir wären hoffnungslos damit überfordert, jede psychische Störung bewußt und aktiv zu bewältigen. Wahrscheinlich werden sogar die meisten seelischen Probleme unbewußt selbständig von diesen Heilkräften reguliert, sonst fühlten wir uns die meiste Zeit des Lebens psychisch krank.

Selbstheilungskraft der Psyche

Zum Instrumentarium der seelischen Selbstheilungsregulationen gehört auch die schon mehrfach erwähnte unwillkürliche Verdrängung. Viele der einfacheren psychischen Störungen können auf diese Weise endgültig bewältigt werden. Zunächst verschwinden sie aus dem Bewußtsein, danach werden sie vermutlich be- und verarbeitet, bis sie schließlich das Seelenleben nicht mehr beeinträchtigen können.

Unwillkürliche Verdrängung

Grundsätzlich funktioniert die Selbstheilung auch

bei Ängsten, hauptsächlich bei denen, die keine Funktion als Warnzeichen zu erfüllen scheinen. Aber so, wie das körpereigene Immunsystem durch ernstere Krankheiten überfordert werden kann, stößt die psychische Selbstheilungstendenz auch an ihre Grenzen, sobald es nicht nur um leichte Angststörungen geht.

Grenzen der psychischen Selbstheilungstendenz

> Insbesondere alle Ängste, deren Wurzeln bis in die Kindheit zurückreichen, sprechen häufig nicht mehr ausreichend auf die »psychischen Immunfunktionen« an.

Grundsätzlich gilt das aber auch für die meisten anderen stärkeren Angstzustände. Die »lähmende« Wirkung der Angst setzt das psychische Selbstheilungspotential offenbar außer Gefecht. Nur ausnahmsweise wird es auch bei ernsteren Angststörungen noch gelingen, sie erfolgreich zu verdrängen.

Verdrängung bei akuten Angstzuständen

Das spricht indes nicht dagegen, bei akuten Angstzuständen die Verdrängung zu versuchen (sofern das überhaupt noch gelingt). Das trägt dazu bei, die Psyche zu entlasten. Aber wie bereits mehrmals betont, kann das meist keine dauernde Lösung bedeuten.

Die verdrängten Ängste müssen verarbeitet werden

Über kurz oder lang müssen die verdrängten Ängste wieder zugelassen und endgültig verarbeitet werden, anders ist keine ursächliche Therapie möglich. Wie sollte man die Ursachen der Angstzustände auch analysieren und bewältigen, wenn sie für immer ins Unbewußte abgeschoben werden.

Angst vor der Angst

Man vermag gut nachzuvollziehen, wie schwer es häufig fällt, die Angst anzunehmen, spürt man doch regelrecht Angst vor dieser Angst. Hinzu kommt, daß Ängste oft als persönliche Schwäche und Mangel mißverstanden werden, woraus Scham- und Schuldgefühle resultieren können. Deshalb tauchen in der Regel mehr oder minder stark ausgeprägte seelische Widerstände dagegen auf, die Angst wieder bewußt zuzulassen.

Wenn übermächtige Widerstände die Annahme der Ängste verhindern, führt an der fachlichen Hilfe kaum ein Weg vorbei. Dabei werden zunächst die Ursachen der Widerstände analysiert und verarbeitet, damit man sich anschließend mit den Angstzuständen selbst beschäftigen kann.

Ängste werden als persönliche Schwäche mißverstanden

Ich helfe mir selbst

Psychische Krisen belasten zwar immer, dennoch darf man sie nicht nur negativ bewerten. Sobald eine Krise aktiv bewältigt wurde, geht man gereift und gestärkt daraus hervor, kennt sich selbst etwas besser und spürt nicht selten auch mehr Selbstwertgefühl und Selbstvertrauen. Das verhält sich ähnlich wie bei körperlichen Erkrankungen, die letztlich die Gesundheit stärken, wenn sie aus eigener Kraft ausgeheilt werden.

Psychische Krisen nicht nur negativ bewerten

Möglichkeiten und Grenzen der Eigentherapie

Es mag sein, daß eine seelische Krise, die ohne fachliche Hilfe überstanden wird, der Psyche mehr nützt als eine regelrechte Psychotherapie, dazu gibt es noch keine zuverlässigen Erkenntnisse. Zumindest darf man davon ausgehen, daß eine selbständig bewältigte Krise ähnlich gut wie eine fachliche Behandlung die Reifung und Entwicklung der Persönlichkeit fördern kann. Wann immer Selbsthilfe vertretbar erscheint, sollte sie zunächst versucht werden. Den Therapeuten kann man auch später noch zuziehen, wenn sich die selbständige Hilfe als unzulänglich erweist.

Eine selbständig bewältigte Krise ist ähnlich gut wie eine fachliche Behandlung

Grundsätzlich nicht zu vertreten ist die Selbstbehandlung bei stärkeren psychischen Problemen, die das Leben dominieren und keine positiven Entwicklungen mehr zuzulassen scheinen. In solchen Fällen

Keine Selbstbehandlung bei stärkeren psychischen Problemen

empfiehlt sich die fachliche Beratung von Anfang an. Das gilt natürlich auch, wenn bei psychischen Krisen das Risiko der Selbstgefährdung (Suizid) und/oder Gefährdung anderer Personen besteht.

Schwierige Auswahl

Die Auswahl unter den vielen bewährten Selbsthilfemethoden fällt schwer. Am besten informiert man sich zunächst ausführlich über mehrere Techniken. Vielleicht bietet sich darüber hinaus Gelegenheit, die eine oder andere Methode in einigen »Schnupperstunden« unverbindlich näher kennenzulernen, ehe man sich entscheidet. Sobald die Wahl getroffen wurde, sollte man möglichst bei der ausgesuchten Methode bleiben und konsequent damit arbeiten. Die Erfahrung lehrt nämlich, daß sich ein Wechsel der Selbsthilfetechnik oft nicht auszahlt, die Wirkung verzögert und sogar zum vorzeitigen Abbruch der Eigentherapie führen kann.

Ein Wechsel der Selbsthilfetechnik lohnt sich nicht

Entspannung zur Vorbeugung und Therapie

Innere Spannung bei Angstzuständen

Angstzustände gehen stets mit innerer Spannung einher. Das bedeutet im Umkehrschluß, daß sich die Angst durch Entspannung indirekt günstig beeinflussen läßt. Deshalb kommt der bewußt herbeigeführten Entspannung beim Umgang mit Ängsten einige Bedeutung zu.

Entspannung bei Grundangst

In erster Linie hilft eine Entspannungstechnik, mit der unvermeidlichen ständigen Grundangst (s. S. 36) besser zurechtzukommen. Da diese Form der Angst ganz natürlich zum Leben gehört, erfordert sie in der Regel keine Therapie. Auch eine Entspannungsmethode ist grundsätzlich überflüssig, wenn man sich auf andere Weise (z. B. durch Freizeitaktivität) ausreichend entspannen kann.

Allerdings gelingt das vielen Menschen infolge von Streß, Hektik und Reizüberflutung des modernen Lebensstils heute nur noch unzulänglich. Gerade für sie eignet sich regelmäßiges Entspannungstraining besonders. Aber auch wer in der Lage ist, sich ohne spezielle Techniken zu entspannen, kann aus dem Training noch Nutzen ziehen, weil es tiefere Entspannung ermöglicht. Unbedingt notwendig ist es in diesen Fällen jedoch nicht.

Entspannung bei chronischen Angstzuständen

Gut bewähren sich die verschiedenen Entspannungsmethoden oft auch bei chronischen Angstzuständen, die über die Grundangst hinausgehen. Insbesondere bei leichten bis mäßigen Ängsten hilft die regelmäßige Entspannungstherapie, die beeinträchtigte Lebensqualität zu verbessern. Zugleich wird die Gefahr verringert, daß sich die chronische Angst schleichend verstärkt und/oder spontan akute Angstanfälle durchbrechen. Trotz guter Wirkung des ständigen Entspannungstrainings darf bei chronischen Angstzuständen jedoch nicht auf die zusätzliche gezielte Therapie der Ursachen verzichtet werden.

Die beeinträchtigte Lebensqualität kann verbessert werden

Die Ursachen müssen behandelt werden

Angst- und Panikattacken

Ob Entspannung auch bei akuten Angst- und Panikattacken ausreichend wirkt, richtet sich vornehmlich danach, wie intensiv sie auftreten und wie gut eine Entspannungstechnik beherrscht wird. Wer konsequent trainiert, kann häufig die beginnenden akuten Angst- und Panikanfälle rasch unterbrechen oder wenigstens spürbar abschwächen. Die dauernde Übung führt dazu, daß die Entspannung selbst unter derart ungünstigen Umständen noch teilweise gelingt. Wird hingegen nur gelegentlich halbherzig trainiert, übernimmt die Angst meist die Vorherrschaft, ehe die Entspannung gelingt.

Entspannung allein reicht nicht aus

Unabhängig davon gilt auch bei akuten Angst- und Panikzuständen, daß Entspannungstherapie allein nicht ausreicht. Zusätzlich müssen die Ursachen aufgedeckt und bewältigt werden.

Autogenes Training als Standard

Eine der bewährtesten Entspannungstechniken

Zu den am besten bewährten Entspannungsmethoden gehört das autogene Training (kurz *AT*). Diese Technik enthält unter anderem Elemente aus Hypnose und Yoga. Konzipiert wurde sie zwar zur Selbsthilfe, trotzdem empfiehlt sich, die Grundübungen nach fachli-

Grundübungen nach fachlicher Anweisung erlernen

cher Anweisung (etwa im Gruppenkurs an einer Volkshochschule) zu erlernen. Das gewährleistet, daß die Methode korrekt eingeübt wird und man bei Problemen nicht auf sich allein gestellt bleibt, sondern kompetenten Rat erhält. Das verhindert meist, daß das Training wegen der unausbleiblichen Anfangsschwierigkeiten vorzeitig aufgegeben wird.

Regelmäßig selbst üben

Sobald die Grundübungen gut beherrscht werden, soll AT regelmäßig selbständig geübt werden, am besten Tag für Tag auch ohne besonderen Anlaß. Die Entspannung hilft nämlich nicht nur bei Ängsten und anderen psychischen Problemen, sondern wirkt als universale Lebenshilfe.

Entspannung wird Schritt für Schritt herbeigeführt

Beim AT führt man die Entspannung Schritt für Schritt herbei, indem man sich spezielle körperliche Empfindungen vorstellt. Die seelisch-nervöse Entspannung wird also vom Körper her erreicht. Folgende Grundübungen sind dazu notwendig:

6 Grundübungen

- Vorstellung von Schwere in einem Arm zur Muskelentspannung.
- Vorstellung von Wärme im selben Arm zur Gefäßentspannung.
  (Schwere und Wärme breiten sich im Lauf der Zeit ohne weiteres Zutun im gesamten Körper aus.)
- Vorstellung zur Beruhigung der Herzfunktionen.
- Vorstellung zur Harmonisierung und Vertiefung der Atmung.
- Vorstellung von Wärme im Leib (Sonnengeflecht) zur Entspannung der Bauchorgane.
- Vorstellung von Kühle auf der Stirn, damit sich die Entspannung vertieft.

12 Wochen einüben

Für jede dieser Vorstellungen sieht AT 2 Wochen vor. Das bedeutet, zuerst übt man 14 Tage lang allein mit der Vorstellung von Schwere, dann fügt man die Wärmevorstellung an und fährt sinngemäß so fort, bis nach 12 Wochen alle 6 Vorstellungen nacheinander geübt werden.

Nun kennt man zwar das gesamte Grundprogramm, allerdings beherrscht man es nach dieser kurzen Zeit kaum schon vollständig. Durch regelmäßiges Training lassen sich die Übungszustände allmählich immer intensiver realisieren, die Entspannung vertieft sich zunehmend. Dann können die Vorstellungen nach und nach verkürzt werden. Schließlich stellt sich die Entspannung fast reflexartig ein, sobald das Training beginnt.

Entspannung vertieft sich zunehmend

Diese rasche Tiefentspannung bildet eine wesentliche Voraussetzung dafür, daß auch stärkere akute Angst- und Panikattacken noch günstig beeinflußt werden können. Zu dieser Meisterschaft gelangt man aber nur, wenn anfangs mindestens 3mal, später mindestens 1- bis 2mal täglich trainiert wird. Das kann dann ein Leben lang beibehalten werden.

Auch stärkere Attacken können günstig beeinflußt werden

2mal täglich trainieren

Nach einiger Erfahrung besteht die Möglichkeit, die AT-Oberstufe zu erlernen. Die Entspannung durch die Grundübungen schafft die Voraussetzungen dafür, ist aber nicht das Ziel dieser Methode. Vielmehr erarbeitet man in der Entspannung mehr Selbstbewußtsein und findet Zugang zu unbewußten Inhalten. Dabei können auch die Ursachen von Ängsten und anderen psychischen Störungen aufgedeckt und verarbeitet werden.

AT-Oberstufe

Die Oberstufe des autogenen Trainings stellt also eine Form der tiefenanalytischen Behandlung dar, die unbedingt beim Therapeuten erlernt werden muß. Anschließend kann selbständig damit gearbeitet werden. Allerdings kommt es nicht selten vor, daß im Verlauf dieser Eigentherapie verdrängte Inhalte wieder bewußt werden, die man allein nicht bewältigen kann. Es gehört im Grund zwar zu den Zielen des AT für Fortgeschrittene, solche Einblicke in das Unbewußte zu gewinnen, erfordert aber fachliche Hilfe.

Tiefenanalytische Behandlung

Die AT-Oberstufe muß nicht unbedingt erlernt werden, auch mit den 6 Grundübungen erreicht man schon gute Ergebnisse. Je komplexer eine psychische Störung aber ist, desto weniger genügt die AT-Grundstufe allein als Hilfe. Ob man dann die AT-Oberstufe anfügt oder eine andere Therapieform wählen sollte, kann letztlich nur der Therapeut individuell richtig beurteilen.

Entspannung wird lediglich durch Vorstellungen herbeigeführt

Die tiefe Entspannung läßt sich nicht nur durch autogenes Training einüben, obwohl das im deutschsprachigen Raum am häufigsten dazu verwendet wird. AT weist sogar einen möglichen »Mangel« auf, der bei einem Teil der Übenden den Erfolg in Frage stellen kann: Entspannung wird lediglich durch Vorstellungen herbeigeführt.

Nicht wenige Menschen tun sich schwer damit, die verschiedenen körperlichen Empfindungen (wie Schwere, Wärme) beim Training intensiv vorzustellen.

Mißerfolge drohen

Deshalb drohen Mißerfolgserlebnisse, die häufig demotivieren. Schließlich werden die Übungen oft vorzeitig aufgegeben, ehe eine nennenswerte Wirkung verspürt wurde.

Zwar bewährt sich autogenes Training seit langem gut, aber es macht natürlich keinen Sinn, damit zu üben, wenn das Vorstellungsvermögen nicht ausreicht. Das könnte man wohl mit fachlicher Hilfe allmählich verbessern, aber auch danach ist kein Erfolg garantiert.

Ständige Selbstbeobachtung kann die Entspannung verzögern oder verhindern

Viele der Betroffenen achten bei jeder Übungsstunde gespannt darauf, ob ihre Vorstellungen endlich zu einer ersten Wirkung führen. Diese ständige Selbstbeobachtung steht der Entspannung massiv entgegen, kann sie lange verzögern oder gar dauerhaft verhindern. Hinzu kommt, daß sich bei längerem Warten auf die entspannende Wirkung häufig Zweifel an den eigenen Fähigkeiten und/oder Mißtrauen in die Entspannungstechnik ein- stellen. Dadurch wird ein zufriedenstellendes Trainingsergebnis praktisch unmöglich.

Die Wirkung nicht erzwingen

Bei Problemen mit AT sollte also nicht versucht werden, die Wirkung zu erzwingen, das mißlingt regelmäßig. Richtig ist vielmehr, rechtzeitig auf eine andere Technik umzusteigen, ehe dauernde Mißerfolge vielleicht unüberwindliche negative Erwartungen provozieren.

Progressive Relaxation

Von den verschiedenen anderen Entspannungsmethoden erlangte hauptsächlich die *progressive Relaxation* (= fortschreitende Entspannung) noch einige Bedeutung. Sie beruht auf der Theorie, daß unmittelbare Beziehungen zwischen Muskelspannung und Psyche bestehen und seelisch-nervöse Tiefentspannung daher erst gelingt, wenn man sich vorher körperlich entspannt.

Fortschreitende Entspannung

Beziehungen zwischen Muskelspannungen und Psyche

Davon geht sinngemäß ja auch autogenes Training aus, aber es gibt einen Unterschied bei der Art und Weise, wie die Muskulatur gelockert wird. Progressive Relaxation arbeitet nicht wie AT mit bloßen Vorstellungen, sondern macht die Muskelentspannung sofort und direkt erlebbar. Für Menschen mit geringer ausgeprägter Vorstellungskraft kann das von entscheidender Bedeutung sein. Aber auch anderen, die nicht warten wollen, bis die AT-Vorstellungen realisiert werden, bietet progressive Relaxation eine vollwertige Alternative.

Die Muskelentspannung wird sofort erlebbar

Vollwertige Alternative zu AT

Grundsätzlich soll auch diese Entspannungstechnik zunächst unter fachlicher Anleitung erlernt werden. Das ist bei der progressiven Relaxation unter anderem deshalb so wichtig, weil falsch durchgeführte Übungen die Muskelspannung (und damit indirekt sogar die Angst) verstärken können. Erst wenn man die Methode gut genug beherrscht, kann sie regelmäßig selbständig zur Entspannung genutzt werden. Konsequentes Training trägt wie bei AT gleichfalls dazu bei, daß sich die Wirkung immer schneller einstellt.

Konsequentes Training

Das Wirkungsprinzip der Technik erscheint relativ einfach und stellt keine besonderen Anforderungen an die Übenden. Zunächst wird ein Muskel (z. B. am Arm) durch eine Bewegung angespannt und dabei beachtet, wie man diese Anspannung empfindet. Danach kehrt man in die Ausgangsstellung zurück, damit der Muskel sich lockert, und versucht dabei, die veränderte Muskelspannung bewußt wahrzunehmen, also die Entspannung zu spüren. Auf diese Weise werden

Durchführung

Schritt für Schritt alle Muskeln angespannt und gelöst, bis die tiefe Entspannung den gesamten Körper erfaßt.

Allgemeine Entspannung

Dieser einfache Übungsablauf kann bereits genügen, um eine zufriedenstellende allgemeine Entspannung zu erzeugen, die ohne weitere Übung schließlich auch auf Nervensystem und Psyche ausstrahlt. Wer das gut beherrscht, kann den Schwierigkeitsgrad der Übungen und damit auch die entspannende Wirkung verstärken. So wird zum Beispiel gelernt, nur die für eine Bewegung erforderliche Muskulatur anzuspannen und gleichzeitig alle anderen Muskelgruppen zu lockern.

Zur »Hohen Schule« für Fortgeschrittene gehört es, die Muskelspannung wahrzunehmen, die durch Gedanken und Gefühle entsteht, um sie dann bewußt zu lösen. Dabei werden auch die zugrundeliegenden seelisch-geistigen Vorgänge günstig beeinflußt.

Meditation nicht immer richtig

Asiatischer Kulturkreis

Yoga

Eine Zeitlang standen traditionelle und neuere Meditationstechniken aus dem asiatischen Kulturkreis auch im Westen besonders hoch im Kurs, allen voran die über 5000 Jahre alten indischen Yogaformen. Mittlerweile wurde es zwar stiller um die Meditation, was aber nicht bedeutet, daß sie sich nicht bewährte. Heute erscheint Meditation auch bei uns einfach selbstverständlich, man macht kein Aufhebens mehr darum wie früher, als das noch exotisch anmutete.

Menschen, die Erfahrungen jenseits von Verstand und Logik vermissen

Meditation spricht in erster Linie die Menschen an, die im modernen Leben Erfahrungen jenseits von Verstand und Logik vermissen. Die westlichen Entspannungstechniken empfinden sie als zu stark vom Verstand geprägt, asiatische Meditationsformen entsprechen eher ihren Bedürfnissen. Grundsätzlich bestehen dagegen keine Bedenken, wenn man von solchen Methoden überzeugt ist.

Ernsthaftes Meditieren bedeutet eine Lebensaufgabe

Wer sich auf Meditation einläßt, erwartet nicht nur Entspannung. Ernsthaftes Meditieren bedeutet eine Lebensaufgabe, die unter anderem nach persönlicher

Vervollkommnung, innerer Harmonie und Leben in Einklang mit allem Sein strebt. Niemand erreicht das je vollkommen, der Weg dahin gilt als das Ziel der Meditation. Entspannung begleitet diese Entwicklung und vertieft sich im Lauf der Zeit durch beharrliches Üben, dazu sind keine speziellen Techniken notwendig.

Ziel der Meditation

Allmählich verändert die Meditation mehr oder minder deutlich das gesamte Leben und die Persönlichkeit. Man gewinnt mehr Selbstbewußtsein, erkennt auf dieser Grundlage den individuellen Sinn des Lebens genauer, definiert neue Aufgaben und Ziele im Leben und löst sich aus vielen Zwängen des Alltags.

Meditation verändert das Leben und die Persönlichkeit

Man löst sich aus vielen Zwängen des Alltags

Das alles gilt es zu bedenken, ehe man mit der Meditation beginnt. Nur wer bereit ist, solche Veränderungen und Neuorientierungen zuzulassen, gewinnt mit der Meditation eine unschätzbare Lebenshilfe. Natürlich könnten die Übungen auch auf Entspannung beschränkt werden, aber dann nutzt man wichtige Möglichkeiten und Chancen der Meditation nicht und fährt mit einer westlichen Entspannungstechnik oft besser.

Diese komplexen Fragen sollten stets mit einem seriösen Meditationslehrer besprochen werden. Dessen Aufgabe besteht einmal darin, in die Techniken der verschiedenen Meditationsformen einzuführen, damit sie schließlich selbständig angewendet werden können. Darüber hinaus muß er dem Meditationsschüler helfen, den ihm gemäßen Weg zur Entfaltung der Persönlichkeit und sinnvollen Gestaltung des Lebens durch Meditation zu finden.

Seriöser Meditationslehrer ist wichtig

Im einen oder anderen Fall kann der Rat des Lehrers auch darin bestehen, auf Meditation zu verzichten. Das zu beurteilen erfordert fundierte Fachkenntnisse und eigene Erfahrungen mit Meditation. Ohne fachliche Anleitung sollten die Techniken nicht eingeübt werden, kein noch so gutes Buch kann den persönlichen Kontakt zum Lehrer ersetzen.

Nicht durch Bücher lernen

Qualifizierte Meditations-/Yogalehrer findet man

zum Beispiel in den Kursen der Volkshochschulen. Unter Umständen kann der Arzt geeignete Therapeuten benennen, mancher Mediziner bietet sogar selbst Meditationskurse an. Schließlich werden die regionalen Berufsverbände der Psychologen, sozialpsychologische Dienste der Kommunen und zum Teil auch Krankenkassen bei der Suche nach einem erfahrenen seriösen »Guru« helfen.

Gelassener, selbstsicherer und selbstbewußter

Die seelisch-geistige Erfahrung der Meditation läßt sich kaum beschreiben, jeder erlebt das auf seine eigene Weise. Viele Übende geben unter anderem an, daß sie sich im Lauf des Trainings gelassener, selbstsicherer und selbstbewußter fühlten. Zum Teil berichten sie von verbesserter geistiger Leistungsfähigkeit und einer erstaunlichen Klarheit des Denkens.

Wirkungen auf die Persönlichkeit werden deutlicher empfunden

Angstzustände werden abgebaut

Mit wachsender Meditationserfahrung werden auch die Wirkungen auf die Persönlichkeit, individuelle Werte und Ziele, Überzeugungen, Einstellungen und Haltungen deutlicher empfunden. Diese tiefgreifenden Veränderungen bauen unter anderem Angstzustände ab, weil die Betroffenen sich geborgener fühlen und sicherer in sich selbst ruhen. Davon abgesehen spielt natürlich auch die allgemeine Entspannung durch Meditation eine Rolle bei der Bewältigung von Ängsten.

Meditation beeinflußt den Übenden ganzheitlich

Meditation richtet sich nie speziell gegen Angst und andere psychische Störungen, sondern beeinflußt den Übenden ganzheitlich. Die damit einhergehenden seelischen Reaktionen entziehen den Ängsten allmählich die Grundlagen.

Konsequentes Üben ist erforderlich

Wie bei allen Selbsthilfemethoden gilt auch hier wieder, daß nur durch geduldiges konsequentes Üben die angestrebten Ziele erreicht werden. Wer nur gelegentlich einmal meditiert, kann daraus keinen nennenswerten Nutzen ziehen.

Zur raschen Kupierung akuter Angst- und Panikattacken eignet sich die Meditation nur bedingt. Man benötigt schon einige Übung und Erfahrung, um solche Zustände durch Meditieren beeinflussen zu können. Und wer über diese Voraussetzungen verfügt, hat sich meist bereits so verändert, daß Angst- und Panikanfälle praktisch nicht mehr vorkommen. Eine gut beherrschte Entspannungstechnik hilft in akuten Situationen oft besser.

Während die seelisch-geistige Erfahrung der Meditation weder genauer beschrieben noch ihre Wirksamkeit exakt nachgewiesen werden kann, liegen zu den körperlichen Wirkungen gesicherte medizinische Erkenntnisse vor. In klinischen Studien stellte man unter anderem folgende Auswirkungen der Meditation auf den Organismus fest:

Auswirkungen der Meditation auf den Organismus

- Blutdrucksenkung durch Entspannung der Blutgefäße, wie sie beim autogenen Training durch die Wärmevorstellung erzielt wird.
- Verlangsamung der Atemfrequenz, weil Entspannung den Sauerstoffverbrauch und die Entstehung von Kohlendioxid verringert (wer Meditation sehr gut beherrscht, kommt zum Teil mit nur 1–2 Atemzügen pro Minute aus, ohne sich dadurch zu gefährden; das darf aber nie willentlich herbeigeführt werden, sondern muß sich aus der Meditation entwickeln).
- Erhöhung des elektrischen Hautwiderstands mit geringerer Schweißabsonderung, ein charakteristisches Anzeichen dafür, daß das vegetative Nervensystem auf Entspannung umgeschaltet hat.
- Verminderte Stoffwechselaktivität, unter anderem meßbar am niedrigeren Milchsäurespiegel im Blut, ebenfalls ein typisches Merkmal der Entspannung.

> Die entspannende Wirkung der Meditation steht der westlicher Techniken nicht nach, fällt zum Teil sogar deutlicher aus, weil man beim Meditieren noch besser abschalten kann.

Wie tief die körperliche Entspannung wird, richtet sich nach der Erfahrung mit den Übungen. Anfangs empfinden viele keine nennenswerte Relaxation,

Verbesserte Wirkung durch regelmäßiges Training

durch regelmäßiges Training verbessert sich die Wirkung zunehmend.

Im Rahmen dieses Buchs führte es zu weit, einzelne Meditationsformen genauer vorzustellen. Dazu gibt es im Buchhandel genügend einschlägige Literatur. Ohnehin wäre eine detaillierte Beschreibung von geringem praktischem Wert, weil die Meditationsmethode nach fachlicher Beratung ausgewählt und unter Anleitung erlernt werden soll.

West-Yoga

Am häufigsten verwendet man bei uns die verschiedenen *Yogaformen.* Einige eignen sich für Europäer aber kaum. Zum Einstieg empfiehlt sich meist *West-Yoga,* dessen Übungen dem westlichen Verständnis angepaßt wurden und sich nur bedingt an den religiös-philosophischen Grundlagen der Meditation orientieren. Damit gelingt vor allem tiefe Entspannung, die weiterreichenden seelisch-geistigen Wirkungen darf man vom West-Yoga nur begrenzt erwarten.

Tiefe Entspannung

Wer nach den ersten Erfahrungen mit dem westlich angepaßten Meditationstraining die Möglichkeiten des Yoga umfassender nutzen will, steigt am besten auf eine andere Methode um. Diese Entscheidung soll mit dem Meditationslehrer abgesprochen werden.

Transzendentale Meditation

Wesentlich jünger und einfacher, aber nicht minder wirksam als Yoga, ist die in den 70er Jahren des 20. Jahrhunderts eingeführte *transzendentale Meditation* (kurz *TM).* Wenn man sich für Yoga nicht begeistern kann, weil es vielleicht zu »kompliziert« anmutet, findet man mit TM eine leicht und rasch erlernbare Meditationsform.

Persönliches Mantra

Die Einführung besteht aus zwei Vorträgen, gefolgt von einer persönlichen Unterweisung und der Aufnahmezeremonie. Danach erhält der TM-Schüler sein persönliches *Mantra,* mit dem er von nun an regelmäßig trainieren soll. Als Mantra wird ein kurzes Wort verwendet, das keine Bedeutung haben muß. Es soll beim Meditieren ständig im Geist wiederholt werden, das fördert die Entspannung und Versenkung.

So umfassende tiefgreifende Wirkungen wie mit

den klassischen Yogaformen erzielt man mit TM wohl kaum. Die Tiefentspannung, die im Lauf der Zeit immer intensiver empfunden wird, genügt aber oft schon, um Ängste günstig zu beeinflussen. Somit bildet TM eine gute Alternative zu westlichen Entspannungstechniken, wenn diese aus persönlichen Motiven nicht verwendet werden sollen.

Tiefentspannung genügt zur Beeinflussung der Ängste

Biofeedback kontrolliert Angstreaktionen

Diese zu wenig genutzte Technik arbeitet nach dem Prinzip der *biologischen Rückkopplung*. Das bedeutet, mit auf der Haut befestigten Elektroden werden verschiedene Zustände und Funktionen des Körpers laufend registriert. Von Bedeutung sind dabei hauptsächlich lokale Hauttemperatur und elektrischer Hautwiderstand, Herzrhythmus, Blutdruck und Spannung (Tonus) der Muskulatur.

Prinzip der biologischen Rückkopplung

Allerdings kann man mit solchen Meßwerten allein noch keine Therapie betreiben. Von entscheidender Bedeutung ist, daß diese Werte sich durch Entspannung in charakteristischer Weise verändern, z. B. Blutdrucksenkung, geringere Herzfrequenz und höherer elektrischer Hautwiderstand.

Funktionen des Körpers ändern sich durch Entspannung

Diese Daten werden während der Entspannungs- oder Meditationsübungen von einem Gerät aufgezeichnet und dem Übenden durch Licht-, Tonsignale und/oder auf einer Skala mitgeteilt. So kann er bereits geringe Wirkungen des Trainings, die ihm noch nicht bewußt werden, objektiv eindeutig wahrnehmen.

Ein Vorteil dieser Methode besteht darin, daß man unmittelbar erfährt, was die Übungen gerade bewirken. Das ist vor allem für Anfänger wichtig, die zunächst kaum einen Übungseffekt bewußt spüren. Deshalb zweifeln sie oft an der Entspannungstechnik und/oder an sich selbst. Wenn ihnen Biofeedback mit elektronischer Präzision veranschaulicht, daß ihr Training doch schon etwas erreicht, hilft das über die Probleme aller Anfänger hinweg und motiviert gut, konsequent mit den Übungen fortzufahren.

Vorteil der Methode

Hilft über die Probleme aller Anfänger hinweg

Biofeedsignale sind Erfolgserlebnisse

Unabhängig davon, wie lange Entspannung bereits geübt wird, können die Biofeedbacksignale stets als Erfolgserlebnis und eine Art »Belohnung« für die ganze Mühe empfunden werden. Man mag darüber lächeln, daß ein einfaches Signal, das beim Training ausgelöst wird, Erfolg und Belohnung darstellen soll, aber das Unbewußte gehorcht nicht Verstand und Logik, stellt also derartige kritische Überlegungen nicht an. Der Belohnungseffekt hilft ebenfalls über Schwierigkeiten beim Üben hinweg und motiviert zum Durchhalten.

Biofeedback erzeugt einen Rückkopplungseffekt

Nicht zuletzt erzeugt Biofeedback auch noch einen Rückkopplungseffekt. Das heißt, wenn das Gerät zum Beispiel Blutdrucksenkung, verlangsamte Herzfrequenz und geringere Muskelspannung als Wirkungen der Entspannung anzeigt, kann allein die Wahrnehmung dieser günstigen Veränderungen noch tiefer entspannen. Man kann mit Biofeedback nämlich nicht nur die unwillkürlich ablaufenden Körperfunktionen bewußt machen, sondern übt gleichzeitig eine Therapie aus.

Biofeedback beeinflußt Angstzustände günstig

Biofeedback eignet sich ebenfalls gut, um Angstzustände und viele andere psychische Probleme günstig zu beeinflussen. Die Methode wirkt unter anderem, indem sie die Entspannung erleichtert und beschleunigt. Dazu kann sie zum Beispiel mit autogenem Training kombiniert werden, um dessen Wirkung durch Rückkopplung zu verstärken.

Insbesondere bei Techniken, die (wie AT) mit Vorstellungen arbeiten, nützt Biofeedback oft sehr viel. Es gelingt aber auch, tiefe Entspannung allein durch biologische Rückkopplung herbeizuführen, weitere Methoden sind nicht unbedingt erforderlich.

Idealfall

Im Idealfall dämmt Biofeedback die Angst unmittelbar ein. Wenn etwa eine akute Angstattacke sofort mit Biofeedback therapiert wird, kann die entspannende und rückkoppelnde Wirkung diesen Anfall rasch lindern oder sogar unterbrechen.

Allerdings treten akute Ängste selten gerade dann

auf, wenn gleich ein Biofeedbackgerät zur Hand ist. Im allgemeinen gelingt die sofortige Anwendung nur, wenn Angstanfälle im Verlauf einer Psychotherapie unter fachlicher Aufsicht gewollt provoziert werden, vor allem bei der harten Konfrontationstherapie (s. S. 142). Unter diesen kontrollierten Bedingungen erleichtert und beschleunigt Biofeedback meist die angestrebten Lernprozesse gegen die Angst.

Nur bedingte Selbsthilfe

Zur Selbsthilfe eignet sich diese Methode nur bedingt. Man benötigt dazu immer fachliche Anleitung, sonst könnte auch eine unerwünschte Wirkung eintreten. Überdies sind natürlich geeignete elektromedizinische Geräte notwendig, die zur Eigentherapie aber oft zu kompliziert und teuer sind. Am besten erlernt man Biofeedback deshalb in der Praxis des Mediziners oder Psychotherapeuten. Diese Sitzungen sollen regelmäßig stattfinden, bis die optimale Wirkung erreicht wird. Zwischen den Biofeedback-Anwendungen übt man selbständig Entspannung oder Meditation. Meist wird dieses eigenverantwortliche Training durch Biofeedback indirekt erleichtert.

Praktische Anleitung durch den Therapeuten

Wenn der Therapeut im Einzelfall für sinnvoll erachtet, daß Biofeedback selbständig durchgeführt wird, übernimmt er in der Regel die praktische Anleitung. Außerdem kann er über geeignete Geräte und Bezugsquellen informieren. Am besten eignen sich naturgemäß die professionellen Apparate, die nach entsprechender Einweisung auch von medizinischen Laien selbständig eingesetzt werden können. Die Kosten für solche Geräte liegen allerdings recht hoch und werden kaum von den Krankenkassen bezuschußt oder ganz übernommen. Als Alternative zum Kauf kommt unter Umständen auch die Miete eines Biofeedbackgeräts in Betracht. Dabei soll der Therapeut beraten und geeignete Hersteller empfehlen. Allein an den Kosten sollte die Selbsthilfe durch Biofeedback nicht scheitern.

Positive Selbstbeeinflussung

Was negative Gedanken und Erwartungen anrichten können, wurde bei den Ursachen der Ängste bereits verdeutlicht (s. S. 20). Insbesondere bei den verbreiteten Erwartungsängsten, aber auch bei Angstzuständen aus anderer Ursache, gehört die positive Autosuggestion zu den erfolgversprechenden Selbsthilfemethoden. Damit die Angst nicht durch falsche Selbstbeeinflussung verschlimmert wird, sollte die Technik möglichst unter fachlicher Anleitung eingeübt werden.

Positive Autosuggestion bei Erwartungsängsten

Theoretisch empfiehlt sich Autosuggestion für alle Angstpatienten. In der Praxis stößt das jedoch bald an Grenzen. Bei stärkeren Angstzuständen fällt es nämlich schwer, positive Gedanken und Erwartungen zu formulieren. Wie soll auch ein Mensch, den die Angst fest im Griff hält, noch zur positiven Selbstbeeinflussung fähig sein. Versucht er es dennoch und scheitert dabei, verstärkt sich dadurch meist sein Gefühl, der Angst hilflos ausgeliefert zu sein.

Grenzen der Autosuggestion

Deshalb muß stets sorgfältig abgewogen werden, ob Autosuggestion möglich und erfolgreich sein kann. Bei leichteren Angstzuständen darf das versuchsweise selbständig versucht werden, in allen anderen Fällen führt an der fachlichen Beurteilung kein Weg vorbei.

Wenn positive Gedanken nicht gelingen

Wenn es nicht gelingt, die positiven Gedanken und Erwartungen selbst zu entwickeln, muß nicht unbedingt auf Autosuggestion verzichtet werden. Vielmehr kann man dann versuchen, mit fachlicher Hilfe geeignete Formulierungen zu finden. Beim stark ausgeprägten negativen Denken hilft meist nur, zunächst mit dem Therapeuten zu analysieren, welche Ursachen zu so negativen Grundeinstellungen führten. Sobald diese erkannt und verarbeitet wurden, ist der Weg frei für positive Gedanken und Erwartungen.

Um positives Denken zu erlernen, empfiehlt sich einschlägige Literatur*, die Schritt für Schritt dazu anleitet. Unentbehrlich ist meist, daß eine Entspannungs- oder Meditationstechnik gut beherrscht wird. Zum

Teil gelingt es zwar auch, die positiven Gedanken und Erwartungen ohne eine dieser Techniken einzuprägen, meist erzielt man damit aber schnellere und intensivere Wirkungen.

> Das Unbewußte, zu dem wir keinen direkten Zugang besitzen, öffnet sich nämlich durch Entspannung oder Meditation, positive Inhalte werden rascher tief darin verankert.

Klar formulierte Gedanken sind entscheidend

Von entscheidender Bedeutung für den Erfolg sind klar formulierte Gedanken und Erwartungen, nur unter dieser Voraussetzung wirken sie gezielt. Zunächst muß man dazu genau erkennen, was mit positiver Selbstbeeinflussung angestrebt werden soll. Sobald das eindeutig herausgearbeitet wurde, geht man daran, geeignete Formulierungen zu entwerfen. Dabei gelten einige Grundregeln, auf die hier nicht ausführlich eingegangen werden kann.

Gedanken und Erwartungen müssen individuell formuliert werden

Wichtig ist unter anderem, daß die Gedanken und Erwartungen individuell formuliert werden und keine inneren Widerstände provozieren. Direkte Ge- und Verbote wirken in der Regel weniger gut, weil sie oft solche Widerstände wecken. Besser eignen sich meist positive Umschreibungen der Ziele. Prägt man sich z. B. ein »Ich will keine Angst mehr spüren«, bleibt das häufig wirkungslos, kann die Angst sogar verschlimmern. Anders bei der Vorstellung »Angst vollkommen gleichgültig«, mit der Ängste ihre Bedeutung verlieren und bald verlernt werden können. Sinngemäß läßt sich dieses Beispiel auf viele andere Autosuggestionen übertragen.

Positive Umschreibungen der Ziele

»Angst vollkommen gleichgültig«

Meist findet man mehrere Formulierungen zu einem Ziel. Dann muß nach Anleitung eines Buchs oder

* Ausführliche und praxisnahe Informationen dazu bietet das Buch *Ich bin, was ich denke* von Gerhard Leibold, Oesch Verlag, Zürich 2005. ISBN 978-3-0350-0036-8.

des Therapeuten die ausgewählt werden, die individuell am besten geeignet erscheint.

Gedanken müssen im Unbewußten verankert werden

Nach der sorgfältigen Formulierung der Gedanken und Erwartungen gilt es, diese zum Unbewußten zu transportieren und darin zu verankern. Das erfordert, daß die positiven Autosuggestionen regelmäßig im Geist wiederholt werden, am besten in tiefer Entspannung. Gut bewährt sich zum Beispiel, täglich 2- bis 3mal zu üben und dabei die positiven Formeln jeweils 30- bis 50mal zu wiederholen. Im Einzelfall können auch andere Trainingsintervalle angebracht sein, das sollte man bei Bedarf ausprobieren.

Die positiven Autosuggestionen regelmäßig im Geist wiederholen

Nicht mehr als 2 positive Gedanken gleichzeitig verwenden

Mehr als zwei zielgerichtete Gedanken und Erwartungen sollten nicht gleichzeitig verwendet werden, sonst könnte sich die Wirkung der Autosuggestion abschwächen. Man erzielt raschere und bessere Resultate, wenn zunächst die aktuell wichtigsten ein oder zwei Ziele durch positive Selbstbeeinflussung angestrebt werden. Sobald der Erfolg eintritt, können wieder ein bis zwei Ziele realisiert werden. Auf diese Weise kann man unbegrenzt immer wieder Autosuggestionen für ein erfüllteres, zufriedeneres und glücklicheres Leben nutzen.

Wenn die positiven Gedanken und Erwartungen erst einmal fest im Unbewußten verankert sind, können sie sich ohne weiteres Zutun automatisch erfüllen, vorausgesetzt natürlich, daß richtig geübt wurde.

Es gibt keinen Zeitrahmen für den Eintritt der Wirkung

Ein Zeitrahmen für den Eintritt der Wirkung kann nicht vorgegeben werden. Es kann wenige Tage bis Wochen, Monate oder sogar über ein Jahr dauern, ehe die Suggestionen spürbar wirken. Das hängt von verschiedenen Faktoren ab, z. B. aktuelle Lebenssituation, Ursachen und Formen der Angst sowie Dauer der Angstzustände vor Beginn der Selbsthilfe.

Verständlicherweise fällt es schwer, geduldig und konsequent zu üben, wenn sich nicht bald eine deutliche Wirkung einstellt. Aber es gibt keine Möglichkeit, das zu beschleunigen. Jeder Versuch stellt den Erfolg in Frage und kann die Angst sogar wieder verschlimmern.

Wer bemerkt, daß er kaum noch Geduld aufbringt, vielleicht auch an der Autosuggestionstherapie zu zweifeln beginnt, tut meist gut daran, die positive Selbstbeeinflussung einzustellen und mit einer anderen Methode fortzufahren oder den Rat des Therapeuten einzuholen. Mit Ungeduld und Zweifeln gelingt es kaum, die Autosuggestion erfolgreich abzuschließen.

Bei Zweifeln die Selbstbeeinflussung einstellen

Wird die Autosuggestion erfolglos abgebrochen, neigen viele Patienten dazu, sich selbst daran eine Schuld zuzuschreiben. Im Einzelfall mag das in übertragenem Sinn zutreffen, wenn zum Beispiel nicht konsequent genug geübt wird. Das darf aber nicht mit moralischer Schuld gleichgesetzt werden, Verschulden bedeutet dann lediglich, daß man durch eigenes Verhalten den Mißerfolg der Selbsthilfe verursacht hat. Dafür kann es verschiedene Gründe geben, etwa die starke Angst, die keine positiven Gedanken und Erwartungen mehr zuläßt. Oder die Autosuggestion ist einfach nicht der individuell richtige Weg aus der Angst.

Erfolgloser Abbruch

Das alles bedeutet auch kein persönliches Versagen, sondern zeigt nur an, daß andere Formen der Eigentherapie oder fachliche Beratung angezeigt sind. Es gibt eben keine Behandlungsform, die für alle geeignet ist.

Kein persönliches Versagen

Keine Behandlungsform ist für alle geeignet

Wer das nicht einsieht und akzeptiert, muß oft erleben, wie sich sein psychischer Zustand verschlechtert und die Wirkung anderer Therapien ausbleibt. Unter Umständen müssen dann zuerst solche Schuld- und Versagensgedanken überwunden werden, ehe die Angsttherapie fortgesetzt werden kann. Häufig ist dazu fachliche Unterstützung erforderlich.

Weitere Methoden zur Selbsthilfe

Jedes psychische Problem muß individuell beeinflußt werden

Jedes psychische Problem muß individuell angemessen beeinflußt werden. Deshalb gibt es keine Form der Selbsthilfe, die sich für jeden Angstpatienten eignet. Die bisher vorgestellten Methoden bewähren sich zwar oft, aber das gewährleistet nicht, daß sie im konkreten Einzelfall helfen.

Die nachstehenden weiteren Hilfen zur Selbsthilfe setzen teilweise bei den Grundursachen der Angst an, etwa bei der Sinnsuche und den sozialen Beziehungen. Dabei geht es weniger um Behandlung im eigentlichen Sinn, sondern um Lebenshilfen, die das Seelenleben ganzheitlich positiv beeinflussen. Indirekt helfen sie unter anderem, mit unvermeidlicher Angst zu leben und sinnlose Ängste zu verhüten oder zu überwinden. Einige der anderen Selbsthilfemaßnahmen mögen einfach anmuten, beruhen jedoch auf neueren Erkenntnissen. Damit erzielt man ebenfalls gute therapeutische Ergebnisse bei psychischen Störungen.

Lebenshilfen, die das Seelenleben ganzheitlich positiv beeinflussen

Vor der Entscheidung für eine bestimmte Methode zur Selbstbehandlung empfiehlt sich, verschiedene Hilfsmöglichkeiten näher kennenzulernen. Erst dann wählt man die aus, die persönlich am besten zusagt. Dabei kann man sich auf das »gute Gefühl« verlassen, das sich oft spontan einstellt, wenn man von einer Therapiemaßnahme überzeugt ist. Fühlt man sich nicht sicher genug, sollte die Auswahl geeigneter Selbsthilfen mit dem Therapeuten abgestimmt werden.

Auswahl einer Methode zur Selbstbehandlung

> Übrigens kommt es nicht so sehr darauf an, welche Technik man verwendet. Maßgeblich ist vielmehr, daß man das Therapieverfahren versteht, davon überzeugt ist und richtig übt.

Unter diesen Voraussetzungen bestehen bei jeder seriösen Methode zur Selbsthilfe Aussichten auf Wirkung.

Sinnsuche im Einklang mit sich selbst

Frage nach dem Sinn der Existenz

Die Frage nach dem Sinn der Existenz treibt den Menschen zu allen Zeiten um. In der Vergangenheit gab es meist wenig Entscheidungsfreiheit, den Lebenssinn »verordneten« weltliche und kirchlichen Institutionen ohne Rücksicht auf individuelle Umstände. In Teilen der Welt hat sich daran bis heute noch nicht viel geändert, nur die wirklich demokratischen Staaten bieten genug Freiheit, um den Sinn des eigenen Lebens individuell zu definieren. Einfacher wurde dic Sinnsuche damit nicht, aber das gehört zu dem Preis, den wir für freie Entscheidungen entrichten müssen.

Enge Zusammenhänge zwischen Lebenssinn und Ängsten

Zwischen Lebenssinn und Ängsten bestehen enge Zusammenhänge (s. S. 27). Eine vermeintlich sinnlose Existenz kann schwere psychische Krisen mit massiven Angstzuständen hervorrufen. Deshalb gehört die individuell angemessene Antwort auf die Sinnfrage mit zu den Strategien der Selbsthilfe bei Ängsten. Häufig beseitigt man damit eine der grundlegenden Ursachen der Angst.

Zwei Extreme

Bei der Diskussion um den Sinn des Lebens treffen zwei Extreme aufeinander: Eine Gruppe setzt voraus, daß Leben an sich bereits sinnvoll ist, während die andere behauptet, daß jeder selbst seiner Existenz ihren individuellen Sinn verleihen muß. Es führte zu weit, dieser philosophischen Frage hier weiter nachzugehen. Viele Menschen vertreten dazu vermutlich eine Meinung, die irgendwo zwischen den beiden obigen Extremen eingeordnet werden kann. Das bedeutet, daß der Sinn des eigenen Lebens teilweise selbst erkannt und im Lauf des Lebens angepaßt werden muß.

Keine Hilfe durch Erziehung

Die Erziehung lehrt den Menschen nicht, wie er bei der Sinnsuche vorgehen kann. Das wäre auch problematisch, weil es keine Patentrezepte dazu gibt, letztlich muß jeder für sich den ihm gemäßen Weg finden und beschreiten.

Als Anhaltspunkt könnte man diesen Weg grob vereinfachend vielleicht in folgendem Sinn beschreiben:

> Lebenssinn setzt voraus, daß der Mensch ständig aus seinen zahlreichen Fähigkeiten, Bestrebungen, Bedürfnissen, Wünschen und Zielen auswählt, was in der konkreten Lebenssituation so wichtig erscheint, daß es sinnstiftend wirkt.

Noch einfacher gesagt:

> Individueller Lebenssinn erwächst aus der Selbstverwirklichung im Einklang mit sich selbst unter Beachtung berechtigter Grenzen, die von der Gemeinschaft vorgegeben werden.

Diese Antwort bleibt offen für eine weitreichende individuelle Auslegung. In anderen Kulturkreisen, die der Individualität geringere Bedeutung beimessen, wird diese Definition zwangsläufig anders ausfallen. Ob damit die Sinnsuche einfacher wird, muß in Frage gestellt werden.

Merkmale des Lebens

Zu den Merkmalen des Lebens gehören Aktivitäten, Entwicklung und Anpassung an die sich laufend verändernden Verhältnisse. So kann auch eine so zentrale Frage wie der Sinn der eigenen Existenz nicht statisch beantwortet werden. Was in einer Phase des Lebens Sinn bringt, kann in einer anderen bedeutungslos werden. Mit der persönlichen Entwicklung stellt sich die Sinnfrage also immer wieder neu.

Selbstbewußtsein und Selbstwertgefühl gezielt stärken

Wichtig bei der Sinnsuche und Verwirklichung sind vor allem Selbstbewußtsein und Selbstwertgefühl, die man gezielt stärken kann (s. S. 96). Während das Selbstbewußtsein dabei hilft zu erkennen, wie man das Leben im Einklang mit sich selbst mit Sinn erfüllen kann, sorgt das Selbstwertgefühl dafür, daß man sich bei den unvermeidlichen Problemen und Konflikten behauptet.

Der Versuch, dem Leben durch eigene Verwirklichung Sinn zu verleihen, muß nicht mit der Überzeugung kollidieren, daß Leben an sich bereits einen Wert besitzt. Man kann das durchaus als Grundeinstellung akzeptieren, die Selbstverwirklichung gibt dem Leben dann zusätzlichen Sinn. Dazu muß jeder die ihm angemessene Antwort selbst erarbeiten.

Soziale Beziehungen als »Angstpuffer«

Der Erfolg des Menschen im Verlauf der Evolution beruht zum Teil darauf, daß er als Sozialwesen gemeinsam mit anderen Aufgaben bewältigt und Ziele realisiert. Daraus erwächst in den verschiedenen Gruppen ein vertrauensvolles Gefühl der Zusammengehörigkeit, der Einzelne fühlt sich in seiner Gemeinschaft angenommen und geborgen.

Gefühl der Zusammengehörigkeit

Die deutliche Zunahme psychischer Probleme, wie Depressionen und Angstzustände, die wir seit Jahrzehnten beobachten, erklärt sich nicht zuletzt daraus, daß die sozialen Beziehungen nicht mehr intakt sind. Eine Folge davon ist die Vereinsamung des heutigen Menschen. Die Geborgenheit in einer gut funktionierenden Gruppe vermeidet viele psychische Probleme von vornherein. Insbesondere die Angst, die sich bei sozialer Isolierung entwickeln kann, wird so verhindert. Aber selbst wenn stärkere psychische Krisen auftreten, bietet die Gruppe viel Rückhalt und hilft, diese Störungen zu bewältigen.

Vereinsamung des heutigen Menschen

Angst wird verhindert

Es gibt natürlich keine Norm dafür, wie viele soziale Beziehungen notwendig sind, um Ängste und andere psychische Probleme aufzufangen. Das Bedürfnis nach zwischenmenschlichen Kontakten ist individuell sehr unterschiedlich ausgeprägt. Deshalb hilft es auch nicht, einem Angstpatienten, der sozial isoliert scheint, mehr Kontakte regelrecht zu »verordnen«, das würde seine psychischen Probleme eher verschärfen.

Unterschiedliches Bedürfnis nach zwischenmenschlichen Kontakten

Damit man bei Bedarf gleich auf vertraute Menschen zugehen kann, empfiehlt es sich, ständig zwischenmenschliche Beziehungen zu unterhalten und zu pflegen.

Wenig neue Kontakte in psychischer Krise

Wenn man erst einmal in einer psychischen Krise steckt, fällt es ungemein schwer, neue Kontakte aufzubauen. Am ehesten gelingt das dann noch in Selbsthilfegruppen, in denen sich Menschen mit ähnlicher Problemerfahrung zusammenfinden, um sich gegenseitig Hilfe, Geborgenheit und Verständnis zu bieten. Aber es ist allemal besser, schon vorher soziale Kontakte zu pflegen, dann wird aus kleinen Problemen vielleicht überhaupt keine psychische Krise.

Soziale Kontakte früh pflegen

So wichtig und hilfreich zwischenmenschliche Beziehungen auch sind, wäre es doch irrig anzunehmen, daß ein Freundes- und Bekanntenkreis um so besser schützt, je mehr Menschen ihm angehören. Die Zahl allein verhindert nicht, daß man bei psychischen Problemen oft sehr schnell auf sich allein gestellt ist.

Wenige Vertraute helfen besser

Wenige Vertraute, auf die man sich gerade auch in Krisen verlassen kann, bieten weit mehr Schutz und Hilfe als zahlreiche Kontakte, die oberflächlich bleiben. Letztlich hängt das auch wieder mit von den persönlichen Bedürfnissen ab.

Richtiges Streßmanagement

Gesunder Streß ist unverzichtbar

In der richtigen »Dosis« ist Streß unvermeidlich und unverzichtbar für ein aktives, erfülltes Leben. Ob der Streß fördert oder lähmt und krankmacht, hängt maßgeblich mit davon ab, wie man damit umgeht. Wenn er über den Kopf wächst oder gar als Bedrohung empfunden wird, bleiben Ängste und andere psychische Reaktionen nicht lange aus, von den psychosomatischen Folgen (wie Infarkt, Bluthochdruck) einmal ganz abgesehen. Dann hilft nur noch, sofort die »Notbremse« zu ziehen, um die Belastung wieder zu reduzieren und erträglicher zu machen.

Psychosomatische Folgen bei schädlichem Streß

Heutzutage können viele Menschen nicht mehr zweckmäßig mit Streß umgehen. Deshalb entwickelte die Psychologie verschiedene Methoden, mit denen man das »Überleben im Streß« systematisch erlernen kann. Selbst einige Volkshochschulen und Kranken-

Überleben im Streß

kassen bieten Gruppenkurse dazu an. Wenn Gelegenheit besteht, sollten diese Möglichkeiten wahrgenommen werden, auch wenn man sich dem Streß noch frei von Angst gewachsen fühlt.

Das richtige Streßmanagement erfordert die nachstehenden 3 Basistechniken. Bei Bedarf können sie durch individuelle Hilfen (z. B. Training der geistigen Leistungsfähigkeit, Aufbau von mehr Selbstwertgefühl) noch ergänzt werden.

3 Basistechniken

- *Streßanalyse* sollte immer am Anfang stehen, weil man dabei viele unnötige berufliche und private Belastungen erkennt. Alle unproduktiven Streßfaktoren, die sich dabei ergeben, sollten konsequent ausgeschlossen werden, denn sie blockieren nur Energie, Antrieb, Motivation, Leistungsfähigkeit und Kreativität, ohne zur Lösung von Aufgaben und Problemen beizutragen.

Streßanalyse

- *Streßtoleranz* entscheidet mit, ob Belastungen verkraftet oder zum Gesundheitsrisiko werden. Innerhalb gewisser Grenzen läßt sich die individuelle Streßtoleranz steigern. Wichtig dabei ist vor allem das regelmäßige Bewegungsprogramm entsprechend dem persönlichen Leistungsvermögen, damit die zur Streßbewältigung nicht verbrauchten Energien abgebaut werden, ehe sie körperlich und/oder psychisch Schaden anrichten; anschließend liegt die Streßtoleranz wieder auf einem höheren Niveau. Nach Möglichkeit sollten die bei unproduktivem Streß überflüssig aktivierten Energien sofort verbraucht werden, z. B. durch Joggen oder Nordic Walking. Im Alltag gelingt das allerdings oft nicht, dann muß das Bewegungsprogramm in der Freizeit bald nachgeholt werden.

Streßtoleranz

- *Streßkontrolle* soll die unwillkürlichen körperlichen und seelisch-geistigen Reaktionen bei Streß in Schach halten, damit sie nicht über das Ziel hinausschießen. Das beugt Streßschäden vor, verbessert die Leistungsfähigkeit und erhöht die Streßtoleranz. Da man Streßreaktionen nicht bewußt steuern

Streßkontrolle

kann, muß eine Entspannungs-/Meditationstechnik (s. S. 72) erlernt werden, die Überreaktionen indirekt vermeiden hilft. Das setzt jedoch voraus, daß regelmäßig geübt wird, bis man tiefe Entspannung jederzeit rasch einleiten kann. Wer meint, dazu fehle ihm im streßreichen Alltag die Zeit, gibt damit nur zu erkennen, wie notwendig gerade er die entspannenden Techniken benötigt.

Risiken des übermäßigen Streß werden vermindert

Mit Hilfe dieser 3 Methoden können die Risiken, die von übermäßigem Streß ausgehen, deutlich vermindert werden. Zwar hilft es auch schon, wenn man nur eine oder zwei der Methoden anwendet (z. B. Streßanalyse und/oder Entspannung), optimale Wirkungen erzielt man jedoch nur, wenn die drei aufeinander abgestimmten Komponenten des Streßmanagements zusammen genutzt werden.

Gesundes Selbstbewußtsein erlernen

Selbstwertgefühl und Selbstbewußtsein werden umgangssprachlich oft gleichgesetzt, aber das trifft so nicht ganz zu. Da sie aber in enger Wechselbeziehung stehen, soll hier Selbstbewußtsein sowohl im eigentlichen Sinne als auch für Selbstwertgefühl verwendet werden, wie es im allgemeinen Sprachgebrauch oft üblich ist.

Bei der Sinnsuche (s. S. 91) wurde bereits aufgezeigt, daß Selbstbewußtsein viel dazu beiträgt, den individuellen Sinn des Lebens zu finden und damit der verbreiteten Angst vor vermeintlicher Sinnlosigkeit der eigenen Existenz entgegenzuwirken. Aber auch viele andere Ängste lassen sich durch mehr Selbstbewußtsein entschärfen oder von vornherein vermeiden, wie Zukunftsangst, Erwartungsangst oder Angst in sozialen Situationen.

Viele Ängste lassen sich durch Selbstbewußtsein entschärfen

Folgen eines schwachen Selbstbewußtseins

Zu schwaches Selbstbewußtsein führt unter anderem dazu, daß man den Ansprüchen des Lebens nicht genügt und seine Aufgaben nicht mit dem gewünschten Erfolg bewältigt. Das erklärt sich häufig aus einer falschen »Programmierung« in Kindheit und Jugend und/oder aus negativen Erfahrungen des späteren Lebens. Im Grunde liegen ungünstige Lernprozesse zugrunde, die durch Neu- und Umlernen günstig zu beeinflussen sind.

Training des Selbstbewußtseins

Ein Training des Selbstbewußtseins kann zum Teil selbständig nach den folgenden Anleitungen durchgeführt werden. Bei ernsteren Defiziten muß vorher häufig die Ursache bewußt gemacht und verarbeitet werden, ehe das Selbstbewußtsein wieder zunehmen kann; das erfordert oft fachliche Beratung.

Inventur des Selbstbewußtseins

Am Anfang des selbständigen Trainings steht eine Art »Inventur« des Selbstbewußtseins, bei der man sich fragt: *In welchen Situationen trete ich selbstbewußter auf und in welchen mangelt es mir daran?* Darauf muß ganz offen geantwortet werden, auch wenn die Ergebnisse nicht immer angenehm sind. Teils werden die Antworten bewußt einfallen, teils tauchen sie spontan (z. B. als Erinnerungen an frühere Erfahrungen) aus dem Unbewußten auf und können von Emotionen begleitet werden.

Diese Bestandsaufnahme des Selbstbewußtseins erfordert genügend Zeit. So kann man zum Beispiel täglich zu einem festgelegten Zeitpunkt darüber nachdenken. Alle Einfälle sollten in Stichworten notiert werden, damit nichts vergessen oder verdrängt wird. Erst wenn bewußt und unbewußt keine Antworten mehr auftauchen, wird dieser 1. Schritt abgeschlossen.

2. Schritt

Beim nächsten Schritt ruft man anhand der Notizen verschiedene Erinnerungen deutlich wach und stellt sich zu jeder vor: *Wie kann ich mich von nun an in ähnlichen Situationen selbstbewußter verhalten?*

Auch dazu fallen im Lauf der Zeit bewußt und unbewußt Antworten ein, die über längere Zeit gesammelt und notiert werden. Diese Antworten sollen mit anschaulichen Vorstellungen vom künftigen Verhalten verknüpft werden, da bildhafte Vorstellungen das Unbewußte eher erreichen und oft intensiver wirken.

Diese beiden ersten Schritte zu mehr Selbstbewußt-

Entspannung erleichtert den Weg zu mehr Selbstbewußtsein

sein werden meist erleichtert, wenn man eine Entspannungs-/Meditationsmethode beherrscht. Dann versetzt man sich zunächst in tiefe Entspannung, ehe Erinnerungen geweckt und Vorstellungen vom zukünftigen Verhalten ausgemalt werden. Insbesondere für die Antworten aus dem Unbewußten ist das nützlich, da man entspannt eher den Zugang in die Tiefen der Psyche findet.

3. Schritt

Aus den Notizen zu selbstbewußteren Verhaltensweisen wählt man nun im 3. Schritt eine aus, die recht einfach erscheint und weder Unbehagen noch Angst erzeugt. Dieses Verhalten wird bei jeder passenden Gelegenheit angewendet.

Anfangs kommt es zu Rückschlägen

Anfangs kommt es zwischendurch wohl noch zu Rückschlägen, aber im Lauf der Zeit werden die neuen Verhaltensformen immer selbstverständlicher. Dann kann die nächste eingeübt werden, die schon etwas anspruchsvoller sein soll.

Die selbstbewußteren Verhaltensweisen werden realisiert

Indem so Schritt für Schritt alle selbstbewußteren Verhaltensweisen realisiert werden, nimmt das Selbstbewußtsein stetig spürbar (und für andere bemerkbar) zu. Die Übungen können unbegrenzt lang fortgesetzt werden. Aber auch nach einer Pause gelingt es auf diese Weise wieder leicht, das Selbstbewußtsein je nach persönlichem Bedarf zu steigern.

Das obige Programm orientiert sich an den individuellen Bedürfnissen. Es kann bereits genügen, um »sturmfestes« Selbstbewußtsein aufzubauen und zu erhalten.

Zusätzlich allgemeine Regeln zur Unterstützung

Zusätzlich können noch einige allgemeine Übungen und Regeln dieses persönliche Programm unterstützen, damit es rascher und intensiver wirkt. Im Einzelfall genügt auch das allgemeine Training, um bald ein angemessenes Selbstbewußtsein zu erreichen, ohne sich lange mit der Analyse des Verhaltens aufzuhalten. Dazu gibt es keine pauschale Empfehlung, das muß man ausprobieren.

Der wichtigste Unterschied zwischen den beiden Programmen besteht darin, daß die individuelle Methode besser auf die persönlichen Umstände eingeht, während die allgemeine Technik schneller wirken kann.

Kombination der beiden Programme

Es kann sinnvoll sein, die beiden Programme zu kombinieren. Dann steigert man das Selbstbewußtsein zunächst durch die allgemeinen Übungen, damit eine erste Wirkung bald eintritt. Anschließend geht man zu individuelleren Übungen weiter, um die persönlichen Ursachen des zu schwachen Selbstbewußtseins gezielt anzugehen.

Übungen zur allgemeinen Steigerung des Selbstbewußtseins

Die folgenden Übungen und Regeln zur allgemeinen Steigerung des Selbstbewußtseins eignen sich gut:

- Persönliche Meinungen, Gedanken, Wünsche, Gefühle (u.a.m.) eindeutig formulieren und mißverständliche Umschreibungen vermeiden, damit die Mitwelt angemessen darauf reagieren kann; überdies wirkt es gleich viel selbstbewußter, wenn man sich klar ausdrückt, das kann viele äußere Widerstände im Keim ersticken.
- Frei von Verstellung und Berechnung agieren und reagieren, um sich der Mitwelt unverfälscht zu präsentieren; das gehört unter anderem zu den Grundvoraussetzungen dauerhafter guter sozialer Beziehungen.
- Mit eigenen Meinungen und Überzeugungen nicht hinter dem Berg halten, auch wenn man dadurch mit anderen (Mehrheit) in Konflikt gerät; umgekehrt verlangt das allerdings, auch Meinungen und Überzeugungen anderer zu tolerieren, wenn sie nicht mit eigenen Auffassungen übereinstimmen; wichtig ist dabei immer, daß man eigene Meinungen begründen kann, damit sie vor der Selbstkritik ebenso wie vor der kritischen Reaktion anderer bestehen kann.
- Freude und/oder Genugtuung über ein verdientes Lob oder Kompliment nicht »verschämt« zu verbergen suchen, sondern offen ausdrücken; das liegt auch im Sinne des anderen, der lobt, denn bei einer unangebrachten Reaktion wird er sich leicht zu-

rückgewiesen fühlen und vielleicht fragen, ob er seine positive Ansicht nicht ändern müßte; so kann man sich auf Dauer jedes noch so verdiente Lob verscherzen.

Diese Beispiele veranschaulichen, worauf es bei den Übungen ankommt. Nach dem gleichen Muster findet man sicher noch weitere Übungen und Regeln, die sich aus individuellen Umständen ergeben. Dann wird das allgemeine Training doch mehr an persönlichen Ansprüchen orientiert.

Negative Gedanken abschalten

Das ist kein positives Denken

Diese Psychotechnik darf nicht als positives Denken (s. S. 86) verstanden werden, sie wirkt auf ganz andere Weise. Bei der Autosuggestion versucht man, den vorhandenen negativen Gedanken positiv formulierte Vorstellungen und Erwartungen entgegenzusetzen, die allmählich die negativen Inhalte neutralisieren. Die Technik der Gedankenabschaltung arbeitet nicht mit Suggestionen, sondern beruht auf den einfacheren Lernprozessen der Verhaltenstherapie.

Lernprozesse der Verhaltenstherapie

Wohl jeder kennt das aus eigener Erfahrung: Nach einem negativen Ereignis beschäftigt man sich noch längere Zeit immer wieder damit, die negativen Gedanken lassen sich einfach nicht abstellen. Das ständige Überlegen und Grübeln führt dazu, daß dem Ereignis schließlich weit mehr Bedeutung beigemessen wird, als ihm tatsächlich zukommt. So können auch Situationen, in denen man Angst empfindet, derart überbewertet werden, daß die Angstzustände sich verschlimmern.

Leichtere Alltagsprobleme

Bei leichteren Alltagsproblemen gelingt es oft, die negativen Gedanken erfolgreich auszublenden. Allmählich können die damit verbundenen Emotionen ebenfalls bewältigt werden.

Bei Angst- und Zwangspatienten werden die Ängste aufgeschaukelt

Angst- und Zwangspatienten fühlen sich dazu meist nicht mehr in der Lage, ihre Gedanken kreisen unkontrollierbar stets um die gleiche Thematik und schaukeln die Ängste immer weiter auf. Dagegen wurde die einfache, rasch erlernbare Methode der Gedankenabschaltung entwickelt, die oft ähnlich gut wie positives Denken hilft, aber wesentlich schneller.

Voraussetzung ist die Kenntnis einer Entspannungstechnik

Das Abschalten negativer Gedanken erfordert, daß eine Entspannungs-/Meditationstechnik (s. S. 72) gut beherrscht wird. Andernfalls muß diese zuerst erlernt werden, nur dann wirkt die Gedankenabschaltung optimal.

Durchführung der Gedankenabschaltung

Sobald die Entspannung gut gelingt, wird sorgfältig überlegt, welcher Gedanken maßgeblich an den Angstzuständen beteiligt ist. Da gibt es verschiedene individuelle Möglichkeiten, jeder muß diesen Gedanken selbst herausfinden.

Zunächst werden mehrere Gedanken als Verursacher einfallen, später kristallisiert sich häufig der eine wichtigste Gedanken heraus. Oft spürt man eine Art Genugtuung (oder ähnliche positive Gefühle), wenn der richtige Gedanken gefunden wurde. Diesen Reaktionen kann man im allgemeinen vertrauen, also mit dem entsprechenden Gedanken arbeiten.

Zur Übung der Gedankenabschaltung versetzt man sich in tiefe Entspannung und läßt die Gedanken zwanglos kommen und gehen, ohne willentlich Einfluß darauf zu nehmen. Über kurz oder lang taucht auch der Gedanken auf, der abgeschaltet werden soll. In dem Augenblick, da man ihn erkennt, konzentriert man das Denken darauf und läßt keine anderen Gedanken mehr zu.

Konzentration auf einen Gedanken

Die Konzentration auf den einen Gedanken behält man bei, bis man sich unwohl fühlt oder spürt, wie die Angst aufzusteigen beginnt. In diesem Moment erteilt man sich laut und bestimmt den Befehl »HALT!« (oder »STOP!«), gefolgt von »RUHE!«.

Befehle

Nach diesen Kommandos wird eine kleine Pause eingeschoben, in der man den abzuschaltenden Gedanken nicht zuläßt. Danach wird die Übung wiederholt, wobei man die Befehle aber nur noch leise ausspricht. Nach einer weiteren Pause übt man noch einmal, die Kommandos werden jetzt nur noch lautlos gedacht.

Falls äußere Umstände nicht zulassen, daß die Befehle laut ausgesprochen werden, sollten sie zweimal geflüstert und abschließend einmal gedacht werden. Wenn sich auch das Flüstern verbietet, denkt man sie nur dreimal hintereinander. Solche Einschränkungen der Übung können allerdings die Wirkung abschwächen und verzögern. Am besten übt man daher an einem Ort und zu einer Zeit, wo die Kommandos auch laut gesprochen werden können. Mindestens einmal, besser mehrmals täglich sollte die Technik ausgeführt werden.

Ziel des Trainings

Das Ziel des konsequenten Trainings besteht darin, den abzuschaltenden Gedanken unwillkürlich mit den Befehlen zu verknüpfen, damit er schließlich bereits beim bloßen Denken der Kommandos abgebrochen wird. Das kann schon nach wenigen Tagen gelingen, oft muß aber wochenlang geübt werden. Die Geduld lohnt sich, denn wenn es erst einmal sicher möglich ist, unerwünschte Gedanken rasch abzuschalten, verfügt man damit über eine praktische Lebenshilfe nicht allein bei Angstzuständen, sondern auch bei anderen psychischen Problemen.

Im Verlauf des Trainings taucht der Gedanken seltener auf. Im Idealfall bleibt er schließlich ganz aus, das Problem kann damit beseitigt sein.

Danach besteht die Möglichkeit, in gleicher Weise einen anderen negativen Gedanken abzuschalten.

Nicht jeder unangenehme Gedanke darf gelöscht werden

Keinesfalls darf man die Methode aber verwenden, um jeden unangenehmen Gedanken schnell zu löschen. Abgesehen davon, daß Kreativität und Spontaneität darunter leiden, nützt es auf längere Sicht ohnehin nichts, alle störenden Gedanken auszublenden. Das mag vordergründig zwar helfen, aber man kann die Ursachen solcher Gedanken nicht mehr finden und verarbeiten. Künftig werden sie »getarnt« das Seelenleben stören.

Gedankenabschaltung eignet sich vornehmlich bei

akuten Problemen, die einfach und schnell günstig beeinflußt werden können. Anschließend sollte man sich bei Bedarf doch mit den Hintergründen der Gedanken beschäftigen.

Gedankenabschaltung eignet sich bei akuten Problemen

»Verrückte« paradoxe Intentionen

Man kann mit starkem Willen nicht alles erreichen

Viele Menschen schmeicheln sich, daß sie mit ihrem starken Willen praktisch alles erreichen können, aber das trifft so nicht zu. Ein einfaches Beispiel aus dem Alltag, das fast jeder schon erlebte, soll das veranschaulichen: Man liegt müde im Bett und will mit aller Kraft endlich einschlafen, erreicht statt dessen jedoch nur, daß man immer unruhiger wird und oft noch stundenlang wach bleibt. Umgekehrt funktioniert das natürlich auch: Man will unbedingt wach bleiben, schläft dann aber unversehens ein (das passiert sogar Menschen, die normalerweise nur mit Arzneimitteln in den Schlaf finden).

Die Technik der paradoxen Intention beruht darauf, daß der Wille keineswegs so viel Einfluß und Macht besitzt, wie man gemeinhin annimmt. Es gehört zu den psychologischen »Grundgesetzen«, daß Willensziele meist nur dann realisiert werden können, wenn sie mit unbewußten Inhalten übereinstimmen. Andernfalls setzen sich eher die auf Erfahrungen und Gefühlen basierenden Erwartungen und Vorstellungen gegen den Willen durch. Davon hängen auch die Wirkungen der Autosuggestion (s. S. 86) zum Teil ab.

Willensziele werden nur realisiert, wenn sie mit unbewußten Inhalten übereinstimmen

Wenn der Wille also nicht stark genug ist, sich gegen die unbewußten Einflüsse zu behaupten, sollte es theoretisch möglich sein, durch bewußte Willensanstrengung gegenteilige Wirkungen zu erzielen, wie zum Beispiel beim obigen Willensziel, unbedingt wachzubleiben.

Praktische Erfahrung

Die praktische Erfahrung belegt, daß dieser paradoxe Denkansatz tatsächlich funktioniert, wenngleich nicht bei allen psychischen Problemen. Immer, wenn der Wille paradox, also mit gegenteiliger Absicht, eingesetzt werden kann, sind Erfolge möglich.

Auf das obige Beispiel der Einschlafstörungen übertragen bedeutet das: Man darf nicht versuchen, unbedingt rasch einschlafen zu wollen, sondern setzt sich das Willensziel, nicht in den Schlaf zu sinken. Dementsprechend muß man beim zweiten obigen Beispiel einschlafen wollen, um wachzubleiben.

Beispiel bei Angstpatienten

Sinngemäß gilt das auch bei Angstzuständen. Viele Angstpatienten sagen sich vom Verstand her zum Beispiel, daß in einer bestimmten Situation kein Anlaß zur Angst besteht, und versuchen mit aller Willenskraft, keine Angst zuzulassen. Das gelingt nur selten, meist nimmt die Angst dadurch noch zu.

Da kommt nun wieder die paradoxe Intention ins Spiel, nach der man das Gegenteil dessen wollen soll, was eigentlich beabsichtigt ist. Im Klartext heißt das: Man muß die Angst ganz stark wollen, damit sie gar nicht erst entsteht oder schnell wieder verschwindet. Es schadet dabei übrigens nicht, wenn man anfangs wegen dieser scheinbaren Unvernunft ungläubig den Kopf schüttelt, selbst dann wirkt die richtig eingesetzte Technik.

Man muß die Angst stark wollen, damit sie nicht entsteht

Risiko

Trotz der meist guten Wirkung darf man nicht übersehen, daß die paradoxe Intention auch ein Risiko beinhaltet. Man muß ganz klar und eindeutig wissen, was man im Grunde wirklich will, ehe man sich das gegenteilige Willensziel setzt.

Falsch angewendet wirkt das wie Autosuggestion, die Angst verstärkt sich dann tatsächlich. Das muß unbedingt vermieden werden, indem man Willensziele nicht mit Erwartungen und Vorstellungen verknüpft, wie es bei der Selbstbeeinflussung geschieht. Gelingt das nicht, muß die paradoxe Intention entweder mit fachlicher Hilfe durchgeführt werden, oder man verzichtet darauf.

Relativ einfacher Lernprozeß

Die relativ einfachen Lernprozesse bei der paradoxen Intention muß man nicht so lange üben, wie es bei vielen anderen Techniken zur Selbsthilfe erforderlich ist. Sobald das Prinzip verstanden und korrekt umgesetzt wird, gelingt es damit meist, einem in einer bestimmten Situation zu erwartenden Angstanfall vorzubeugen.

Hilfe bei spontaner Angstattacke

Wenn eine Angstattacke spontan ohne Vorwarnung auftritt, kann sie mit Hilfe der paradoxen Intention schnell gelindert werden, wenn sie nicht sogar rasch zusammenbricht.

> Insbesondere bei Gefühlen wie Angst versprechen die paradoxen Willensziele gute Erfolge, weil man Emotionen grundsätzlich nicht wollen oder willentlich verändern kann (das gilt nicht nur für Angstgefühle).

Wird die Technik gut beherrscht, nutzt man sie vorwiegend bei akuter Angst, um die Symptome besser zu beherrschen. Gegen die Ursachen der Ängste richtet die Methode wenig aus, deshalb kombiniert man sie oft mit anderen Selbsthilfetechniken oder fachlicher Psychotherapie. Im Einzelfall kommt es allerdings vor, daß die Erfahrung mit paradoxer Intention automatisch auch die psychischen Selbstheilungsregulationen gegen die Angstursachen aktiviert, so daß sie endgültig bewältigt werden können. Im voraus läßt sich das nicht beurteilen, es kommt auf den Versuch an.

Angst über den Körper beeinflussen

Angst erzeugt oft körperliche Störungen

Die Angst erzeugt indirekt oft körperliche (psychosomatische) Störungen. Daraus ergibt sich, daß Ängste auch über den Körper behandelt werden können. Dazu stehen verschiedene Methoden zur Verfügung, angefangen bei Ernährung und Bewegung bis hin zu den verschiedenen angstlösenden Arzneimitteln. Besonders wichtig ist in diesem Zusammenhang, daß sorgfältig untersucht wird, ob körperliche Erkrankungen (s. S. 12) als mögliche Ursachen der Angst vorliegen.

Ursächliche Erkrankungen therapieren

Körperliche Erkrankungen können von Angst begleitet werden

Verschiedene körperliche Erkrankungen können von Angst begleitet werden, man denke an Herz- und Atembeschwerden (s. S. 13). Zum Teil verursacht das organische Leiden allein die Angst, teils kommen noch psychische Ursachen hinzu. Im letzteren Fall kann es sich auch um eine psychosomatische Krankheit handeln, die nicht gemeinsam mit seelischen Faktoren Angst erzeugt, sondern erst als Folge von Ängsten und anderen psychischen Problemen auftritt.

Anteil der Psyche an körperlichen Symptomen

Gibt es körperliche Krankheiten ganz ohne psychische Einflüsse?

Eine sichere Unterscheidung zwischen den vorgenannten Möglichkeiten fällt oft auch dem Mediziner/Psychotherapeuten schwer. Zur gezielten Therapie ist es aber nützlich, genauer zu erkennen, welchen Anteil die Psyche an körperlichen Symptomen hat, oder ob eine rein organische Erkrankung ohne Bezug zum Seelenleben vorliegt (sofern es überhaupt körperliche Krankheiten ganz ohne psychischen Einfluß gibt). Folgende Merkmale können eine Unterscheidung erleichtern:

- Rein körperliche Leiden sprechen auf übliche Arzneimittel und andere gebräuchliche medizinische Heilverfahren an, während diese bei psychischer Beteiligung nur mäßig oder überhaupt nicht helfen.
- Entsteht Angst allein durch körperliche Störungen, verschwindet sie im allgemeinen vollständig, sobald die organische Krankheit ausgeheilt ist (es kommt allerdings vor, daß sich die Ängste im Verlauf der Erkrankung verselbständigen, dann dauern sie nach der körperlichen Genesung an).
- Wenn psychische Ursachen an der Angst beteiligt sind, kann sie sich mehr oder minder deutlich bessern, wenn die körperliche Störung geheilt wird, vollständig verschwindet das Angstgefühl dadurch

aber in der Regel nicht (es gibt jedoch Ausnahmen, bei denen die Heilung des Körpers auch die psychischen Probleme automatisch mitbewältigt).

- Falls psychische Gründe allein oder teilweise zu organischen Beschwerden führen, verschlimmern sich diese häufig, wenn weitere psychische Belastungen hinzukommen; das gilt auch bei den psychosomatischen Krankheiten, deren psychische Ursachen bereits bestehen müssen, wenn die organischen Symptome einsetzen.

Anhand dieser (und weiterer) Merkmale kann vorab eine erste Verdachtsdiagnose gestellt werden, an der sich die Untersuchungen orientieren. Das erspart Zeit, die für die frühere Therapie genutzt werden kann.

Verdachtsdiagnose

Ganz darf auf körperliche Untersuchung aber auch dann nicht verzichtet werden, wenn psychische Ursachen offenkundig scheinen. Sonst könnte am Ende eine vielleicht ernstere organische Krankheit zu lange übersehen werden.

Nicht auf körperliche Untersuchung verzichten

Obwohl die gezielte Behandlung körperlicher Beschwerden erst möglich wird, sobald eine gesicherte Diagnose vorliegt, muß in der Zwischenzeit nicht auf eine Therapie verzichtet werden, das richtet sich vor allem nach den organischen Symptomen. Bei leichteren Krankheitszeichen kann die Behandlung bis zum genauen Befund entbehrlich sein, allenfalls wird man dann medikamentös die Beschwerden lindern (vollständig unterdrücken darf man sie nicht, sonst fällt die Diagnose noch schwerer).

Bestehen jedoch stärkere Symptome, die das Befinden deutlicher beeinträchtigen, wird in der Regel zunächst eine Therapie »auf Verdacht« durchgeführt. Deren Ziel besteht darin, dem Patienten unnötige Beschwerden zu ersparen und seinen körperlichen Zustand zu stabilisieren, damit sich die Krankheit bis zur Diagnose möglichst nicht verschlimmert.

Therapie auf Verdacht

Vorsorglich handelt man bei unklaren körperlichen Symptomen am besten nach dem Grundsatz:

> Bis die körperliche und/oder psychische Ursache zuverlässig diagnostiziert ist, therapiert man wie bei einer organischen Erkrankung, das schließt alle vermeidbaren Risiken aus.

Letztlich muß das fachlich je nach Einzelfall entschieden werden.

Mehr Bewegung – weniger Angst

Auf den ersten Blick scheint es kaum möglich, Gefühle wie Angst durch körperliche Aktivitäten spürbar zu beeinflussen. Verschiedene klinische Studien mit Angstpatienten ergaben jedoch, daß ein dem persönlichen Leistungsvermögen angepaßtes Trainingsprogramm ohne Zweifel eine günstige Wirkung auf das psychische Befinden ausübt. Zwar darf man kaum erwarten, daß Angstzustände allein durch mehr Bewegung geheilt werden, bessern lassen sie sich damit aber oft. Wenn das körperliche Leistungsvermögen es zuläßt, sollte ein Training zur ergänzenden Therapie also empfohlen werden.

Angstzustände werden nicht allein durch mehr Bewegung geheilt

Wie körperliche Aktivitäten auf die Psyche einwirken können, läßt sich bislang noch nicht genau erklären. Vermutlich müssen mehrere Faktoren zusammentreffen, damit Bewegung psychische Störungen beeinflussen kann.

An 1. Stelle steht wohl, daß körperliche Aktivitäten auf verschiedene Botenstoffe (Neurotransmitter) im Gehirn wirken. Unter anderem wird die Ausschüttung körpereigener Endorphine (sie wirken ähnlich wie Morphium) gesteigert, was das allgemeine Wohlbefinden hebt und sogar euphorische Zustände erzeugen kann. Über diese Neurotransmitter kann die körperliche Anstrengung also die biochemischen Grundlagen der Angst (s. S. 11) verändern. Auch andere Botenstof-

Endorphine

fe, etwa Serotonin, können durch Bewegung aktiviert werden und der Angst entgegenwirken.

Serotonin

Diese komplexen Zusammenhänge sind aber erst zum geringeren Teil bekannt, weitere wissenschaftliche Untersuchungen werden die angstlösende Wirkung der körperlichen Aktivitäten sicher noch besser verständlich machen.

Training sorgt für vertiefte Atmung

Darüber hinaus sorgt das Training für beschleunigte und vertiefte Atmung mit vermehrter Sauerstoffaufnahme. Das verbessert zunächst das körperliche Befinden, danach indirekt auch den psychischen Zustand. Davon abgesehen scheint die Atmung auch noch unmittelbar die Psyche zu erfassen, deshalb kennen fast alle Entspannungs- und Meditationstechniken verschiedene Atemübungen. Wenn es durch Bewegung wieder gelingt, den Atem frei strömen zu lassen, wirkt das vor allem entspannend und somit auch gegen Angstzustände.

Frei strömender Atem wirkt gegen Angst

Diese Entspannung kann sogar den »Muskelpanzer« wieder aufbrechen, in den Ängste und andere Gefühle gleichsam verdrängt wurden. Aus diesem Grund spielen Atemübungen auch bei den neuen Körperpsychotherapien (s. S. 153) eine mehr als nur geringe Rolle.

Daneben dürfen die direkten psychischen Auswirkungen eines regelmäßig absolvierten Trainings bei Angstzuständen nicht übersehen werden. Meist trauen sich Angstpatienten nicht mehr viel zu, fühlen sich durch ihre Angst behindert und eingesperrt. Folglich zweifeln sie auch an ihrer körperlichen Leistungsfähigkeit und bewegen sich in der Regel zu wenig. Unter Umständen verschlimmert sich dadurch die Angst.

Angstpatienten zweifeln an ihrer körperlichen Leistungsfähigkeit

Aus eigenem Antrieb ändert sich daran kaum etwas, notwendig sind Anregungen von außen, etwa vom Therapeuten oder von Angehörigen und Freunden. Sobald ein Angstpatient sich zum Trainingsprogramm aufrafft, verändert das nicht allein die psychische Biochemie. Vielmehr kann die Erfahrung, daß trotz Angst noch genug körperliche Aktivitäten mög-

Training steigert das Selbstwertgefühl

lich sind, Selbstwertgefühl und Selbstvertrauen allmählich deutlich steigern. Und das trägt wiederum viel dazu bei, die Ängste zu bewältigen.

Manche Angstpatienten, die ein Leistungstraining mit Jogging über lange Strecken (bis zum Marathonlauf) aufnehmen, erleben im Lauf der Zeit, daß sie der Angst damit regelrecht »davonlaufen« können. Aber es ist nicht notwendig, ein so anstrengendes Trainingsprogramm zu absolvieren. Das wäre für viele Menschen ohnehin kaum geeignet, weil sie das Leistungsvermögen dazu nicht besitzen.

Einfache sportliche Aktivitäten genügen

Es genügen auch einfachere sportliche Aktivitäten, um das Seelenleben günstig zu beeinflussen, ohne das Risiko der Überforderung einzugehen. In wissenschaftlichen Studien zeigte sich, daß zum Beispiel bereits das folgende Training ausreicht.

Gymnastik

- *Gymnastik* soll morgens und abends je 5–10 Minuten absolviert werden, das richtet sich nach der Leistungsfähigkeit. Untrainierte be-ginnen am besten mit 2mal 5 Minuten täglich und steigern allmählich auf mindestens 2mal je 10 Minuten am Tag, abhängig davon, wie gut das regelmäßige Training im Lauf der Zeit das persönliche Leistungsvermögen steigert.

Sport

Geeignete Sportarten

- *Sport* ergänzt die Gymnastik, aber dabei geht es nicht um möglichst hohe Leistung, sondern um die verbesserte körperliche Ausdauer. Gut eignen sich unter anderem flottes Gehen, der Trendsport Nordic Walking, Radfahren, Schwimmen, im Winter Skilanglauf. Welche Sportart man auswählt, richtet sich nach den persönlichen Vorlieben sowie dem Leistungsvermögen.

Wer älter als 30 Jahre ist und schon einige Zeit keinen Sport mehr getrieben hat, sollte durch fachliche Untersuchung vorab klären lassen, welche Anstrengung anfangs ohne Gefährdung möglich ist und ob individuelle Einschränkungen beim Training zu beachten sind.

Bei einer altersgemäßen durchschnittlichen Leistungsfähigkeit empfiehlt sich, mindestens 4mal wöchentlich je 30 Minuten lang zu trainieren, sofern aus medizinischer Sicht nichts dagegen spricht. Wenn sich das Leistungsvermögen durch konsequente Übung allmählich bessert, sollte möglichst jeden Tag trainiert und dabei eine Steigerung auf 60 Minuten angestrebt werden, vorbehaltlich der fachlichen Zustimmung.

Trainingsdauer

Manche Sportarten (wie Gehen, Radfahren) erfordern keine großen Vorbereitungen und Anleitungen, man kann sofort damit beginnen. Bei anderen sportlichen Aktivitäten (etwa Nordic Walking, Schwimmen) muß man die korrekte Technik erlernen, um die Gesundheit nicht durch falsches Training zu gefährden. Ideal wäre es, solche Sportarten in einem Verein oder Fitneßclub nach fachlicher Anweisung zu erlernen, weil dabei auch angstlindernde soziale Kontakte aufgebaut und gepflegt werden können.

Korrekte Technik der Sportart erlernen

Wenn das infolge der Angstzustände anfangs nicht möglich ist, gibt es zum Einüben vieler Sportarten einschlägige Literatur, teils auch Video-Anleitungen auf CD/DVD (übrigens kann Gymnastik ebenfalls auf diese Weise erlernt werden).

Gute körperliche und psychische Wirkungen des Bewegungsprogramms erreicht man nur, wenn regelmäßig trainiert wird (auch die Überwindung des »inneren Schweinehunds« kann Angstzustände günstig beeinflussen). Gelegentliche Übungen bleiben fast wirkungslos, darauf kann man verzichten.

Regelmäßiges Training

Die »Anti-Angst-Diät«

Eine Art Psychodiät gegen Ängste und andere seelische Probleme ruft meist ähnliches Befremden hervor wie das obige Bewegungsprogramm. Aber auch dazu gilt: Und es hilft doch.

Psychodiät gegen Ängste

Zum besseren Verständnis muß man nochmals erinnern, daß das Seelenleben mit biochemischen Vorgängen im Gehirn und Nervensystem (s. S. 11) zusammenhängt. Angst, Depressionen und viele andere psychische Probleme werden letztlich wohl immer durch biochemische Veränderungen mitverursacht.

Neurotransmitter übertragen Reize innerhalb des Gehirns

Eine herausragende Rolle spielen dabei die Neurotransmitter, die Reize innerhalb des Gehirns und Nervensystems übertragen. Der Organismus stellt diese Botenstoffe selbst her und benötigt dazu Eiweiß, das mit der Nahrung zugeführt werden muß.

Hier stoßen wir also auf die Schnittstelle zwischen Ernährung und Psyche, die eine »Anti-Angst-Diät« erst ermöglicht.

Psychische Störungen können durch Fehler der Ernährung hervorgerufen werden

Es mag durchaus zutreffen, daß die heutzutage häufigen psychischen Störungen (wie Angst, Depression) zum Teil durch die Fehler der üblichen Zivilisationskost hervorgerufen werden. Endgültig nachweisen läßt sich das noch nicht, schließlich steht die Forschung hier erst am Anfang. Deshalb wissen wir auch noch viel zu wenig von den Neurotransmittern. Als gesichert kann gelten, daß zum Beispiel der Botenstoff Serotonin unter anderem Gefühle und Stimmungen beeinflußt. Somit wirkt er auch bei Angstzuständen mit.

Serotonin beeinflußt Gefühle und Stimmungen

Eiweißbaustein L-Tryptophan

Da körpereigenes Serotonin aus dem Eiweißbaustein L-Tryptophan hergestellt wird, scheint es naheliegend, eine besonders eiweißreiche Kost zu empfehlen, die dem Körper diese Aminosäure ausreichend zuführt. Aber das ist zu kurz gedacht, tatsächlich kann die eiweißreiche Ernährung sogar die Serotoninwerte verringern.

Eiweißreiche Kost

Das klingt auf den ersten Blick zwar paradox, läßt sich aber relativ einfach erklären. In der eiweißreichen Kost befindet sich nicht nur L-Tryptophan, auch alle anderen Aminosäuren sind darin enthalten. So kommt es, daß diese Eiweißbausteine in Konkurrenz mit L-Tryptophan treten, wodurch seine Aufnahme aus der Nahrung und die anschließende Verwertung eingeschränkt werden. Letztendlich tritt also ein Mangel an Serotonin durch übermäßige Eiweißzufuhr ein.

Abgesehen davon gilt es noch zu berücksichtigen,

daß eine eiweißreiche Ernährung im Organismus zum Säureüberschuß führt. Die allgemeine Übersäuerung, die heute wegen der üblichen Zivilisationskost häufiger vorkommt, kann verschiedene Gesundheitsstörungen nach sich ziehen, z. B. rheumatische Erkrankungen und Gicht. Aber auch auf das Seelenleben nimmt dieser Zustand Einfluß, denn die Neurotransmitter funktionieren nur bei einem ausgewogenen Säure-Basen-Verhältnis optimal. Es gibt Hinweise darauf, daß eiweißreiche Kost unter anderem Nervosität, Unruhe und Gereiztheit begünstigt (verursacht?). Demnach spricht grundsätzlich nichts dagegen, daß der Säureüberschuß auch bei Ängsten eine Rolle spielt.

Säureüberschuß

Neurotransmitter funktionieren nur bei ausgewogenem Säure-Basen-Verhältnis

Angst bei Säureüberschuß

Ernährungsfehler allein rufen gewiß noch keine Angstzustände oder andere psychische Probleme hervor. Vielmehr können sie durch ihren Einfluß auf die Biochemie der Psyche solche Störungen begünstigen. So wird zum Beispiel eine Alltagserfahrung, die bei gesunder Kost einfach bewältigt werden kann, bei Fehlernährung vielleicht zu Ängsten beitragen.

Aus den obigen Zusammenhängen läßt sich ableiten, wie eine Ernährung beschaffen sein soll, die das Seelenleben nicht stört. Auf einen kurzen Nenner gebracht: *Weniger Eiweiß – mehr Kohlenhydrate.* Die Konkurrenz zwischen den Aminosäuren nimmt bei geringerer Eiweißzufuhr ab, mehr L-Tryptophan kann zur Bildung von Serotonin genutzt werden, die Übersäuerung läßt sich vermeiden.

Weniger Eiweiß – mehr Kohlenhydrate

Instinktiv richtig verhalten sich viele Menschen in den dunkleren Monaten des Jahres, indem sie vermehrt Süßigkeiten konsumieren. Das kann zum Beispiel eine Winterdepression verhüten oder wenigstens abschwächen.

Süßigkeiten im Winter

Aber die Psychodiät besteht natürlich nicht aus Schokolade und anderen zucker-/kalorienreichen Produkten. Zwar könnten diese Genußmittel, die ebenfalls zu den Kohlenhydraten gehören, die Psyche durchaus bei »guter Laune« halten, der günstige Einfluß auf das Seelenleben müßte jedoch mit den körperlichen Folgen (wie Übergewicht) einer derartigen Fehlernährung erkauft werden.

Dunkle Schokolade

Nichts spricht dagegen, mäßig Süßigkeiten zu verzehren. Insbesondere der dunklen Schokolade schreibt man inzwischen sogar wissenschaftlich bestätigte gesundheitsfördernde Effekte zu. Als »Frustfraß«, wie man die Süßigkeiten wegen ihrer Wirkungen auf das Seelenleben auch nennt, dürfen sie aber nicht mißbraucht werden.

Gesunde Lebensmittel

Der Bedarf an Kohlenhydraten soll durch gesunde Lebensmittel gedeckt werden, hauptsächlich frisches Obst, Salate und Gemüse, Vollreis und Vollkornprodukte. Sie stehen im Vordergrund einer für Körper wie Psyche günstigen Ernährung. Weil die Zubereitung durch Erhitzen die pflanzlichen Lebensmittel zwangsläufig mehr oder minder stark entwertet, verzehrt man 30–50 % davon als Rohkost. Der Rest wird so schonend wie möglich zubereitet.

Rohkost

Lebenswichtiges Eiweiß gehört natürlich auch zur Vollwertkost. Davon benötigen wir aber weniger, als heute üblicherweise verzehrt wird, und es muß keineswegs durch Fleischwaren zugeführt werden. Als gesündere Eiweißquellen bevorzugt man vor allem Milchprodukte und Fisch, überdies enthalten auch pflanzliche Lebensmittel (wie Kartoffeln, Hülsenfrüchte) zum Teil reichlich Eiweiß. Der Bedarf kann also problemlos gedeckt werden, selbst wenn man der Empfehlung folgt, Fleischprodukte nicht häufiger als 2- bis 3mal wöchentlich als Beilagen zur pflanzlichen Kost (nicht als Hauptgericht) zu verzehren.

Gesunde Eiweißquellen

2- bis 3mal wöchentlich Fleisch als Beilage

Geheilt wird die Angst durch diese Ernährungsumstellung nicht, vielmehr soll sie andere Therapiemethoden unterstützen. Als eine Art Basistherapie schafft die »Anti-Angst-Diät« Voraussetzungen für ein ausgeglicheneres Seelenleben. Später, wenn die Zusammenhänge zwischen Ernährung und Psyche genauer geklärt sind, wird man voraussichtlich auch spezifische Diäten für verschiedene seelische Probleme finden.

Angst wird nicht durch die Ernährungsumstellung geheilt

Voraussetzung für ein ausgeglichenes Seelenleben

Am Rande sei erwähnt, daß eine Ernährungsweise

nach den obigen einfachen Grundregeln auch die körperliche Gesundheit fördert. Manche der organischen Ursachen von Angstzuständen, hauptsächlich Herz-Gefäß-Erkrankungen mit Durchblutungsstörungen, lassen sich durch Umstellung der Ernährung verhindern oder bessern. Das trägt indirekt ebenfalls mit zur Linderung von Ängsten bei. Allerdings kann es bei körperlichen Ursachen der Angst notwendig sein, eine fachlich verordnete strengere Diät einzuhalten, das muß individuell beurteilt werden.

Heilfasten bessert schwere Angsterkrankungen

Schwere Angsterkrankungen scheinen gelegentlich auf *Heilfasten* anzusprechen. Erklären läßt sich diese Wirkung nicht, sie wurde aber in der Praxis beobachtet. Vielleicht wirkt die tiefgreifende Umstimmung des Körpers beim Fasten günstig auf die Biochemie der Psyche. Oft berichten Patienten, daß sie sich im Verlauf der Fastenkur psychisch immer wohler fühlen und eine zuvor nicht gekannte »Klarheit« des Denkens erleben. Das Phänomen muß ebenfalls noch genauer untersucht werden, ehe beurteilt werden kann, ob Fasten sich nur für einzelne oder für viele Angstpatienten eignet und wie die optimale Kur ablaufen soll.

Bei Angst kein selbständiges Fasten

Selbständiges Fasten ohne fachliche Betreuung kommt bei Ängsten nicht in Frage, selbst wenn nur einige Fastentage vorgesehen sind. Man muß dabei bedenken, daß Fasten strenggenommen Mangel an Nahrung bedeutet, mithin eine mögliche Gefahr für Leib und Leben. Bei Angstpatienten könnte sich deshalb ein Gefühl existentieller Bedrohung einstellen, das die Ängste massiv verstärkt.

Es erfordert viel Fingerspitzengefühl und Erfahrung, um ein solches Risiko bereits vor einer Fastenkur zu erkennen. Erst recht gilt das natürlich, wenn eine Verstärkung der Angst nicht vorhersehbar war und eine ernstere psychische Krise erst im Verlauf des Fastens auftritt.

Medikamente regulieren psychische Biochemie

Psychopharmaka sind bei Angst ein zweischneidiges Schwert

Psychopharmaka gelten bei Ängsten und anderen psychischen Störungen als zweischneidiges Schwert. Einerseits greifen sie in die biochemischen Vorgänge ein, die psychische Probleme erzeugen. Andererseits können sie aber lediglich die Biochemie des Seelenlebens normalisieren, nicht die eigentlichen tieferen Ursachen von Ängsten und anderen seelischen Schwierigkeiten beeinflussen.

Angstursachen durch Psychotherapie finden

Das spielt keine große Rolle, wenn ein Patient nach der medikamentösen Unterdrückung seiner Ängste im Rahmen einer Psychotherapie lernt, die Angstursachen zu bewältigen.

Viele Patienten begnügen sich mit den Medikamenten

Tatsächlich begnügen sich aber viele der Betroffenen mit den Medikamenten. Wozu sollte man sich auch einer zum Teil recht langen Behandlung mit oft unangenehmen Erinnerungen und Einsichten unterziehen, wenn die Angstzustände doch viel bequemer mit Psychopharmaka beseitigt werden können.

> Anders ausgedrückt: Wenn Psychopharmaka die Angst lindern, geht der vorherige Leidensdruck zurück, der zur Psychotherapie veranlassen soll.

Manche Menschen werden trotzdem eine Therapie durchstehen, weil sie mehr Selbsterkenntnis gewinnen möchten. Die Mehrzahl sieht dazu nach der »Heilung« der Angst jedoch keinen Grund mehr.

Psychopharmaka ersparen unnötiges Leid

Diese Bedenken dürfen freilich nicht dazu führen, daß Psychopharmaka in Bausch und Bogen abgelehnt werden. Diese Medikamente ersparen den Betroffenen unnötiges Leid. Oft kann eine Psychotherapie überhaupt erst beginnen, wenn Arzneimittel zuvor notwendige Grundvoraussetzungen schaffen. Und nicht zuletzt ermöglichen die Psychopharmaka schwerer angstkranken Patienten, weiterhin am Leben teilzu-

Schwer angstkranke Patienten können weiterhin am Leben teilnehmen

nehmen, in ihrer vertrauten Umgebung zu verbleiben und im gewohnten sozialen Netzwerk ein Mindestmaß an Kontakten zu unterhalten. Ehe Psychopharmaka eingeführt wurden, hätte man solche Angstkranken eher in eine psychiatrische Fachklinik eingewiesen – nicht selten für den Rest ihres Lebens. Unter diesen Aspekten können Arzneimittel, die das Seelenleben beeinflussen, als Fortschritt gewürdigt werden, sofern man sie richtig einsetzt.

Früher Einweisung in psychiatrische Klinik

> Es empfiehlt sich, nach einem Mittelweg zwischen krasser Ablehnung und unkritischer Bejahung der Psychopharmaka zu suchen: Rasche Linderung der quälenden Angstzustände, aber nicht so deutlich, daß kein Rest an Leidensdruck zurückbleibt, um zur Psychotherapie zu motivieren.

Bei dieser Gratwanderung können alternative Psychopharmaka der Biomedizin eine wichtige Stellung einnehmen, weil sie Angst nicht so massiv wie chemische Arzneimittel unterdrücken. Aber nur im Einzelfall kann zuverlässig beurteilt werden, ob die »sanften Alternativen« genügen oder (zumindest anfangs) doch stärker wirksame chemische Psychopharmaka verabreicht werden sollen.

Psychopharmaka der Biomedizin

Chemische Psychopharmaka

Zur üblichen medikamentösen Behandlung erhalten Angstpatienten meist *Tranquilizer* (lat. tranquillo = beruhigend), bevorzugt mit Wirkstoffen aus der *Benzodiazepin-Gruppe,* wie *Bromazepam* und *Diazepam.* Wenn sie eine besonders ausgeprägte Wirkung gegen Ängste besitzen, nennt man sie auch *Anxiolytika* (lat. anxius = angstvoll; griech. Wortteil -lyt = Lösung). Abhängig von Wirkstoff und Dosierung können diese Psychopharmaka beruhigend, schlaffördernd, angstlösend und entspannend wirken.

Tranquilizer

Benzodiazepin

Anxiolytika

Tranquilizer schirmen das limbische System gegen äußere Reize ab

Die Wirksamkeit erklärt sich vor allem daraus, daß die Tranquilizer das limbische System gegen Reize von außen abschirmen und die Reizreaktionen abschwächen. Das limbische System befindet sich im entwicklungsgeschichtlich alten Teil des Gehirns, unter anderem gehört das Mittelhirn dazu. Vereinfacht dargestellt empfängt dieses System ständig äußere Reize und beantwortet sie (nicht immer) angemessen. Die zu- und wegführenden Nervenfasern bilden meist gemeinsame »Rückmeldekreise«, so daß Reize auch unbewußt und unwillkürlich ohne Zutun des Großhirns beantwortet werden können.

Übergeordnete Zentrale

Als übergeordnete Zentrale des vegetativen Nervensystems und des Hormondrüsensystems spielt das limbische System eine maßgebliche Rolle bei den seelisch-nervösen Funktionen. So kann es zum Beispiel angeborene Instinkt- und Triebhandlungen veranlassen, Stimmungen, Gefühle und Verhalten beeinflussen, überdies wahrscheinlich mit zu den Lern- und Gedächtnisleistungen des Gehirns beitragen. Indem die Tranquilizer auf dieses zentrale Regulations- und Steuerungssystem einwirken, greifen sie mehr oder minder tief in die Psyche ein.

Minor Tranquilizer

Major Tranquilizer

Neuroleptika

Bei vielen Angstpatienten genügen die *minor Tranquilizer* (lat. minor = der Kleinere); schwere psychische Erkrankungen (Psychosen) erfordern allerdings oft *major Tranquilizer* (lat. major = groß). Zur besseren Unterscheidung werden letztere als *Neuroleptika* (griech. Wortteil neuro = Nerven, lepsie = nehmen, empfangen, Anfall) bezeichnet. Sie wirken ebenfall beruhigend, unterdrücken Angst- und Wahnzustände und lindern noch eine Reihe weiterer individueller Symptome der Psychosen.

Neuroleptika verursachen oft Nebenwirkungen

Die starke Wirkung der Neuroleptika hat aber auch ihren Preis, denn sie verursachen oft erhebliche Nebenwirkungen. Dazu gehören Bewegungsstörungen, Blutbildveränderungen, allergische Reaktionen, Störungen der Blutdruckregulation, im psychischen Bereich häufig allgemeine Gleichgültigkeit bis zur Abstumpfung gegenüber dem eigenen Leben und dem Schicksal anderer.

Überdies empfinden die meisten Patienten die Therapie mit solchen Medikamenten als unangenehm. Manchmal kommt es sogar zum akut lebensbedrohlichen malignen neuroleptischen Syndrom, zu dem unter anderem Fieber, Bewußtseins-, Kreislaufstörungen, erhöhte Muskelspannung mit Steifigkeit der Muskulatur und ein Zustand körperlicher und psychischer Erstarrung ohne wahrnehmbare Lebenszeichen bei erhaltenem Bewußtsein der Betroffenen gehören.

Malignes neuroleptisches Syndrom

Angesichts dieser erheblichen Nebenwirkungen muß stets besonders sorgfältig abgewogen werden, ob der Nutzen die Risiken rechtfertigt, ob nicht auch ein minor Tranquilizer genügen könnte. Wenigstens beinhalten die Neuroleptika kein Suchtpotential, unter diesem Aspekt können sie auch längere Zeit verwendet werden.

Rechtfertigt der Nutzen die Risiken?

Kein Suchtpotential

Das Suchtrisiko der »kleinen« Tranquilizer hingegen kennt man schon seit langem. Trotzdem werden sie nach wie vor zu oft unkritisch als »Glückspillen« verordnet. Die klassische Entwicklung der Abhängigkeit läßt sich einfach nachvollziehen:

Suchtrisiko der minor Tranquilizer

Am Anfang steht die Erfahrung, daß diese Psychopharmaka das Leben erleichtern und die unangenehmen Seiten des Alltags (z. B. auch Angst) weitgehend ausblenden können. Deshalb wird nach medikamentöser Besserung psychischer Probleme häufig keine ursächliche Psychotherapie eingeleitet.

Sobald die günstige Wirkung der Tranquilizer sich stabilisiert hat, wird der Mediziner die Medikamente nicht mehr verordnen wollen. Das läßt sich unter Umständen noch einige Zeit verzögern, irgendwann endet die Therapie aber unweigerlich. Bereits nach kurzer Zeit erleben die Patienten dann, daß all ihre psychischen Probleme wieder bewußt werden, oft über den Kopf zu wachsen drohen, schließlich wurden sie durch die Psychopharmaka ja nicht geheilt, sondern lediglich unterdrückt.

Die Probleme werden durch die Psychopharmaka nicht geheilt, sondern nur unterdrückt

Im günstigsten Fall führt diese quälende Erfahrung dazu, doch noch mit der Psychotherapie zu beginnen. Andernfalls wird die Angst vor den wiederkehrenden Problemen und Belastungen meist zu groß, um sie ohne Psychopharmaka zu ertragen.

Wenn ein Mediziner keine Tranquilizer mehr verordnen will, findet sich in der Regel rasch ein anderer, der zum Rezeptblock greift, schließlich kann er nicht wissen, daß die Medikamente bereits längere Zeit verabreicht wurden. Das läßt sich nicht selten über Jahrzehnte hinweg fortsetzen.

Die unterschwellige Sorge der Betroffenen, sie könnten von den Tranquilizern abhängig sein, wird verdrängt. Oft beruhigen sie sich mit dem Argument: *Seit Jahren nehme ich nur die von Anfang an verordnete geringe Dosis ein; wäre ich wirklich süchtig, hätte ich die Dosierung doch längst erhöht.*

Niedrigdosis-Abhängigkeit

Das gilt grundsätzlich zwar bei vielen Suchtkrankheiten, für Benzodiazepine trifft es aber nicht unbedingt zu. Sie können auch zur Niedrigdosis-Abhängigkeit führen, bei der man trotz bereits bestehender Sucht längere Zeit oder dauernd mit relativ geringer Dosierung auskommt. Dann fällt es auch dem verordnenden Mediziner schwer, die Sucht früh zu erkennen.

Eintritt der Abhängigkeit

Eine Benzodiazepin-Abhängigkeit kann schon nach wenigen Tagen eintreten und viele Jahre andauern. Im allgemeinen droht die Suchtkrankheit aber erst, wenn die Tranquilizer einige Wochen oder Monate verabreicht werden. Im Grunde besteht bei Benzodiazepinen kein besonders hohes Suchtpotential. Im Gegenteil: Die Abhängigkeit läßt sich recht zuverlässig verhindern, indem einige Empfehlungen der Fachleuchte strikt beachtet werden:

Empfehlungen zur Verhinderung der Abhängigkeit

- Möglichst von Anfang an festlegen, daß die Tranquilizer nur kurze Zeit verabreicht werden, um eine akute psychische Krise zu lindern; am besten schreibt man die Therapiedauer gleich fest, aber das wird wegen des individuell unterschiedlichen Verlaufs seelischer Störungen nicht immer gelingen.

- Dosierung gerade so hoch, daß die Wirkung bald spürbar wird (an die optimale Dosis muß man sich unter Umständen »herantasten«); sobald wie möglich die Dosierung wieder verringern.
- Wenn ausnahmsweise eine längere Therapie mit Tranquilizern verordnet wird, darf nicht plötzlich abgebrochen werden, sonst drohen Erregungs-, Angstzustände und Schlafstörungen als Entzugssymptome (auch wenn noch keine regelrechte Sucht besteht), vielmehr muß die Dosis »ausschleichend«, also schrittweise, langsam vermindert werden; treten dennoch Entzugserscheinungen auf, darf die Tranquilizertherapie nicht selbständig wieder aufgenommen werden, fachliche Entscheidung ist notwendig.
- Wer in der Vergangenheit schon an Suchtkrankheiten (z. B. Psychopharmaka, Drogen, Alkohol) litt, darf Tranquilizer grundsätzlich nicht anwenden, weil dann ein besonders großes Suchtpotential besteht; ob eine Verordnung ausnahmsweise doch vertretbar ist, muß fachlich beurteilt werden (dazu muß der Therapeut natürlich von den früheren Suchtproblemen erfahren); liegt eine akute Abhängigkeit vor, sind Tranquilizer strikt verboten, sofern sie nicht im Rahmen des fachlich überwachten Entzugs eingesetzt werden.
- Tranquilizer dürfen nicht mit anderen Psychopharmaka oder starken Schmerzmitteln kombiniert werden, sofern das nicht ausdrücklich verordnet wird; keinesfalls darf man sie mit Alkohol einnehmen, sonst nimmt das Risiko einer Mehrfachabhängigkeit und erheblicher Nebenwirkungen deutlich zu.

Diese Empfehlungen schützen zwar nicht vollständig vor Tranquilizersucht, reduzieren aber die Wahrscheinlichkeit der Abhängigkeit.

Körperliche und psychische Nebenwirkungen der Tranquilizer

Abgesehen vom Suchtrisiko können Tranquilizer körperliche und/oder psychische Nebenwirkungen hervorrufen, die im allgemeinen aber nicht so schwerwiegend wie bei der Therapie mit Neuroleptika ausfallen. Symptomatisch sind zum Beispiel unerwünscht starke Muskelentspannung, Kopfschmerz, Blutdruckabfall, Schwindel, allergische Reaktionen, Eß-, Sprach- und Sexualstörungen. Psychisch können die Benzodiazepine unter anderem zu starke allgemeine Beruhigung, Teilnahmslosigkeit, Antriebsschwäche, Störungen des geistigen Leistungsvermögens, eingeschränkte Reaktionsfähigkeit (Unfallrisiko), Aufmerksamkeits-, Gedächtnis- und Konzentrationsdefizite hervorrufen.

Paradoxe Wirkungen

Unter Umständen kommt es zu paradoxen Wirkungen, etwa Unruhe, Erregungszustände und Schlafstörungen, also das Gegenteil dessen, was die Tranquilizer bewirken sollen.

Gehäuft bei älteren Menschen

Gehäuft treten solche unerwünschten Effekte bei älteren Menschen mit gestörter Durchblutung des Gehirns auf.

Leber kann überfordert werden

Bei langer Anwendung der Psychopharmaka (aber auch vieler anderer chemischer Arzneimittel) kann die »Entgiftungszentrale Leber« überfordert werden, schlimmstenfalls bleiben Dauerschäden zurück. Seltener erlebt man bei Langzeittherapie mit Tranquilizern Schäden an den Nieren.

Benzodiazepine verhindern unnötiges psychisches Leid

Mithin sind Benzodiazepine keine »harmlosen Glückspillen« und »Lebenskrücken«, sondern hochwirksame Arzneimittel, die auf die Biochemie der Psyche einwirken. Verantwortungsvoll nach den oben genannten Empfehlungen der Fachleute verabreicht, verhindern sie unnötiges psychisches Leid, in Form von Neuroleptika kontrollieren sie unheilbare schwere seelische Krankheiten. Wenn man sich dessen bewußt bleibt, spricht nichts gegen eine notwendige Psychopharmakatherapie, falls dazu keine Alternativen zur Verfügung stehen.

Alternative Psychopharmaka ohne Risiken

Vorteile

Im Vergleich zu den chemischen Arzneimitteln bieten die Psychopharmaka der Alternativ-(Bio-)medizin einige wichtige Vorteile. Im Vordergrund steht, daß sie wesentlich besser verträglich sind und kein echtes Suchtpotential besitzen. Überdies unterdrücken sie psychische Probleme nicht so stark, daß der Leidensdruck völlig verschwindet, die Motivation zur ursächlichen Psychotherapie bleibt also erhalten.

Sind besser verträglich

Grenzen der Naturmedizin

Allerdings stößt die Naturmedizin an ihre Grenzen, wenn starke Angstzustände, Panikattacken, Zwangsneurosen oder Psychosen das Leben beherrschen. Die geringere Wirksamkeit erweist sich dann als nachteilig, bessere Verträglichkeit und fehlendes Suchtrisiko machen das bei so ernsten psychischen Krisen nicht wett. An Tranquilizern oder Neuroleptika (s. S. 117 ff.) führt kein Weg vorbei, deren mögliche Risiken sind in solchen Fällen vertretbar.

Alternative Arzneimittel zur Nachbehandlung

Sobald die chemischen Psychopharmaka gute Dienste geleistet, die akuten psychischen Symptome also gelindert haben, kann man erwägen, ob zur Nachbehandlung noch einige Zeit alternative Arzneimittel verabreicht werden sollten, das muß je nach Einzelfall beurteilt werden. Eine Psychotherapie kann im allgemeinen problemlos mit natürlichen Heilmitteln kombiniert werden, sie tragen oft zum Erfolg bei.

> Ein Wort noch zum Suchtrisiko: Eine körperliche Abhängigkeit erzeugen die biomedizinischen Psychopharmaka nicht. Wenn man den Suchtbegriff weiter faßt, kann aber auch die dauernde Einnahme von Naturheilmitteln als eine Art »psychische Abhängigkeit« verstanden werden, die aber mit echter Sucht nicht vergleichbar ist.

Ziel der medikamentösen Therapie

Das Ziel besteht darin, psychische Probleme und Krisen so zu bewältigen, daß schließlich weder chemische noch alternative Psychopharmaka benötigt werden. Gelingt das nicht, sollten bei einfacheren psychischen Störungen natürliche Heilmittel zumindest versucht werden. Wirken sie nicht ausreichend, kann danach immer noch auf chemische Anxiolytika umgestellt werden.

Neuroleptika können nicht durch alternative Psychopharmaka ersetzt werden

Neuroleptika lassen sich nicht durch alternative Psychopharmaka ersetzen. Es gibt zwar einige Berichte, wonach homöopathische Wirkstoffe selbst bei Psychosen wirksam waren, aber dabei handelt es sich um Einzelfälle, möglicherweise auch Fehldiagnosen.

Phytotranquilizer

Wichtige Rolle bei psychischen Problemen

spielen bei psychischen Problemen eine wichtige Rolle, in leichteren Fällen können sie chemische Wirkstoffe sogar gleichwertig ersetzen. Die Indikationen verschiedener Heilpflanzen kennt die Volksmedizin seit langem, mittlerweile wurden viele durch klinische Untersuchungen bestätigt. Hier beschränken wir uns auf 3 bewährte pflanzliche Tranquilizer, bei Bedarf kann der Therapeut andere verordnen oder das Fachpersonal in der Apotheke weitere empfehlen.

Baldrian

Baldrian gehört zu den bekanntesten pflanzlichen Heilmitteln. Die Wurzel wirkt auf Großhirnrinde und Nervensystem allgemein beruhigend, entspannend und schlaffördernd. Angstzustände werden nicht massiv unterdrückt, sondern soweit gemildert, daß man bis zur Psychotherapie oder Selbsthilfe leichter damit leben kann. Auch körperliche Folgen der Angst, wie Muskelverspannungen und Kopfschmerzen, sprechen auf Baldrian gut an.

In der Regel wird dieser Phytotranquilizer problemlos vertragen. Allerdings kommt es manchmal (vor allem bei Überdosierung) zu paradoxen Reaktionen, wie Unruhe und Erregungszustände, vielleicht auch stärkere Angst. Ob dann nur die Dosierung verringert oder die Anwendung abgebrochen werden muß, bleibt fachlicher Beurteilung vorbehalten.

Zwar könnte Baldrianwurzel als Tee zubereitet

werden, bei Ängsten empfehlen sich jedoch fertige Zubereitungen aus der Apotheke, die einen stets gleichbleibenden Wirkstoffgehalt aufweisen. Anders als Tee, dessen Wirkstoffe natürlichen Schwankungen unterliegen, können Fertigarzneimittel mit Baldrian genau dosiert werden, was für die angstlösende Wirkung wichtig ist. Der Beipackzettel gibt an, wie die Medikamente verabreicht werden sollen. Zu hohe Dosierung führt nicht zum besseren Erfolg, kann aber die Verträglichkeit verschlechtern.

Fertige Zubereitungen aus der Apotheke

Wegen seiner teilweise direkt an der Großhirnrinde ansetzenden Wirkung geriet Baldrian einmal kurz in Verdacht, regelrechte Sucht zu erzeugen. Die wissenschaftlichen Untersuchungen, auf denen diese Annahme beruhte, wiesen jedoch methodische Fehler auf und sind deshalb nicht beweisend. Darüber hinaus spricht auch lange praktische Erfahrung gegen ein Suchtpotential. Inzwischen hört man jedenfalls nichts mehr davon. Langzeittherapie ist grundsätzlich möglich, allerdings sollte durch ursächliche Psychotherapie versucht werden, über kurz oder lang ohne Phytotranquilizer auszukommen.

Kein Suchtpotential

Hopfen, ebenfalls lange und gut bekannt, zeichnet sich wie Baldrian durch beruhigende, entspannende und schlaffördernde Wirkungen aus, die zum Teil stärker, teils aber auch geringer als bei Baldrian ausgeprägt sind (das muß praktisch erprobt werden). Bei Angstzuständen hilft Hopfen vor allem, innere Anspannung und Unruhe zu dämpfen und damit verbundene psychosomatische Reaktionen des Körpers zu lindern.

Hopfen

Innere Anspannung und Unruhe werden gedämpft

Die Heilpflanze gilt als gut verträglich, lediglich bei Überdosierung kann es zu Symptomen der Hopfenpflückerkrankheit kommen, und zwar starke Müdigkeit, Hautausschlag, bei Frauen überdies Menstruationsstörungen, weil Hopfen pflanzliche Östrogene enthält. Wenn die Dosis normalisiert wird, klingen diese Nebenwirkungen bald von selbst ab.

Gute Verträglichkeit

Auch hier gilt, daß fertige Zubereitungen aus der

Apotheke mit stets gleichem Wirkstoffgehalt dem Hopfentee vorzuziehen sind. Angewendet werden die Medikamente nach den Angaben im Beipackzettel.

Kombination aus Baldrian und Hopfen

Eine Kombination aus Baldrian und Hopfen (gibt es auch in fertiger Zubereitung) kann besser als jede der beiden Heilpflanzen allein wirken, da sie sich gegenseitig ergänzen und verstärken.

Johanniskraut

Johanniskraut gilt zwar als das wichtigste pflanzliche Antidepressivum, es kann aber auch bei Angstzuständen mit/ohne Depressionen versucht werden. Ähnlich wie chemische Psychopharmaka beeinflußt es Zentren des vegetativen Nervensystems und damit indirekt auch die Hormondrüsen. Daraus ergibt sich eine allgemein beruhigende, entspannende, schlafför-

Angstlösende Wirkung

dernde und angstlösende Wirkung. Abgesehen davon setzt es auch noch an Arealen des Zwischen- und Mittelhirns an, die für Stimmungen und Gefühle (auch Ängste) zuständig sind.

Angst mit depressiver Verstimmung

Bei Angst mit depressiver Verstimmung gehört Johanniskraut zur ersten Wahl.

Wenn Ängste ohne Depression bestehen, kann die Heilpflanze mit anderen Phytotranquilizern kombiniert werden.

Fertige Arzneizubereitungen

Fertige Arzneizubereitungen mit gleichbleibendem Wirkstoffgehalt sollten bevorzugt werden, weil sie exakt dosierbar sind. Ob ein pflanzliches Psychopharmakon gut oder unzulänglich hilft, hängt nicht selten mit davon ab, daß die Wirkstoffe immer in der notwendigen Dosis verabreicht werden, was ein Heiltee nie gewährleisten kann.

Dosierung

Die Dosierung richtet sich nach dem Beipackzettel. Mindestens 30 Tage lang sollte Johanniskraut verabreicht werden, damit eine optimale Wirkung eintritt. Aber auch längerer Gebrauch kann sinnvoll sein. Diese Heilpflanze eignet sich also weniger zur Soforthilfe

Eignet sich bei chronischen Ängsten

bei akuten Angstzuständen, sondern vornehmlich bei chronischen Ängsten.

In der Regel wird dieses Phytopsychopharmakon gut vertragen. Vorsorglich sollte während der Behandlung allerdings auf Sonnenbäder und UV-Bestrahlungen (Solarium) verzichtet werden, sonst könnten unangenehme lichtallergische Hautreaktionen auftreten.

Nach neueren Studien besteht die Möglichkeit, daß Johanniskraut die Wirksamkeit anderer Arzneimittel (z. B. der »Pille«) beeinträchtigt. Wer also weitere Medikamente einnimmt, sollte in der Apotheke nach unerwünschten Wechselwirkungen fragen. Andere Vorsichtsmaßnahmen müssen nicht beachtet werden.

Wechselwirkungen

Neben den obigen 3 altbekannten pflanzlichen Psychopharmaka soll noch eine exotische Heilpflanze mit Wirkung auf die Psyche erwähnt werden, die bislang bei uns wenig beachtet wird: *Griffonia simplicifolia*, die in Afrika heimisch ist. Die Samen dieser Pflanze enthalten den Wirkstoff 5-Hydroxy-Tryptophan* (kurz: 5-HTP), der im Körper anfällt, wenn mit Hilfe der Aminosäure L-Tryptophan das Serotonin (s. S. 112) aufgebaut wird. Gibt man 5-HTP zu therapeutischen Zwecken, überbrückt es einen Schritt in der körpereigenen Serotoninsynthese, so daß mehr dieses Wirkstoffs produziert werden kann.

Griffonia simplicifolia

5-Hydroxy-Tryptophan

Ein niedriger Serotoninwert steht in unmittelbarem Zusammenhang mit Angstzuständen. Deshalb sind die in Europa erhältlichen Zubereitungen aus der afrikanischen Heilpflanze oft hochwirksam bei Ängsten. Dabei ist noch hervorzuheben, daß 5-HTP auf natürliche Weise die Biochemie der Psyche normalisiert und deshalb keine Risiken zu befürchten sind. Allenfalls kann zu Beginn der Therapie leichte Übelkeit auftreten, die keinen Abbruch der Einnahme erfordert.

Hochwirksam bei Ängsten

Die Dosierung richtet sich nach den Herstellerangaben auf dem Beipackzettel. Unklar bleibt vorläufig noch, ob 5-HTP mit anderen chemischen oder pflanzlichen Psychopharmaka kombiniert werden kann.

Kombination mit anderen Psychopharmaka?

* Mehr zu 5-HTP und ähnlichen Wirkstoffen, die bisher noch wenig bekannt sind, erklärt das Buch *Die neuen Vitalstoffe* von Gerhard Leibold, erschienen im Oesch Verlag, Zürich 2007. ISBN 978-3-0350-3025-9

Falls das überhaupt notwendig erscheint, muß zuvor die fachliche Zustimmung eingeholt werden, um jegliche Gefährdung auszuschließen.

Oxytocin

Körpereigenes Hormon

Während Serotonin bereits genauer erforscht wurde, erkennt man bei dem körpereigenen Hormon Oxytocin erst jetzt allmählich, daß die Forschung erst am Anfang steht. In den Lehrbüchern wird zu diesem Hormon seit langem angegeben, daß es Wehen auslöst, die Geburt unterstützt und danach die Milchproduktion anregt. Das kommt auch in dem griechischen Namen Oxytocin zum Ausdruck, der sinngemäß »rasche Geburt« bedeutet. In den USA wird es an den meisten Kliniken schon genutzt, um die Geburt zu beschleunigen und so die Belastung für Mutter und Kind zu verringern.

Unterstützt die Geburt

Neue Studien ergaben, daß Oxytocin sehr viel mehr leisten kann, insbesondere als körpereigenes Psychopharmakon. Das vermeintlich schon vollständig erforschte und deshalb uninteressante »Frauenhormon« steht wohl erst am Beginn einer großen »Karriere«.

Der Wirkstoff wird im Hypothalamus (Teil des Zwischenhirns) produziert und scheint vor allem für die sozialen Beziehungen wichtig. So schafft er unter anderem Vertrauen zu anderen Menschen, weckt Bedürfnisse nach zwischenmenschlicher Nähe, Wärme, Geborgenheit und Zärtlichkeit, beeinflußt die sexuelle Lust und hilft beim Streßmanagement (letzteres aber nur, wenn gleichzeitig gute soziale Kontakte zu vertrauten Personen unterhalten werden). Tierversuche weisen sogar darauf hin, daß die Treue zwischen Partnern mit von Oxytocin abhängt, was sich vermutlich auch auf die Partnerschaft beim Menschen übertragen läßt.

Wichtig für soziale Beziehungen

Unterstützt Treue zwischen Partnern

In der Psychotherapie erprobte man das Hormon unter anderem am Psychologischen Institut der Universität Zürich mit guten Erfolgen bei Ängsten und Sozialphobien (s. S. 45). Dabei wurde Oxytocin stets

Erfolge bei Ängsten und Sozialphobien

von einer der üblichen Psychotherapien begleitet. Besonders gut fallen die Ergebnisse bei Sozialphobien aus, die bei über einem Drittel der Betroffenen als nicht therapierbar gelten. Hier könnte die Oxytocin-gestützte Psychotherapie einen Durchbruch im Vergleich zu den bisher angewendeten Therapien schaffen.

Hemmungen und Schüchternheit

Ferner sprechen andere soziale Probleme, wie Hemmungen und Schüchternheit, sowie verschiedene Angstzustände auf Oxytocin mit Psychotherapie gut an. Nach den bisherigen Erfahrungen scheint es für den Therapieerfolg wichtig (unerläßlich?), daß die hormonelle Behandlung durch Psychotherapie begleitet wird. Selbst wenn man den Wirkstoff ohne Rezept beschaffen könnte, müßte eine erfolgreiche Anwendung wohl daran scheitern.

Hormonelle Behandlung muß durch Psychotherapie begleitet werden

Oxytocin verabreicht man nach fachlicher Verordnung als Nasenspray. Diese Anwendung kann allerdings noch nicht recht zufriedenstellen, weil das Hormon in dieser Form nur relativ kurz wirkt. Außerdem gewöhnt sich der Körper offenbar rasch daran, so daß die Dosierung laufend erhöht werden muß, um weiterhin therapeutische Effekte zu erzielen. Vermutlich lassen sich solche Anfangsprobleme jedoch mit wachsender Erfahrung zum Beispiel durch geeignete andere Zubereitungsformen überwinden.

Wirkt nur relativ kurz

Anfangsprobleme

Anregung der Oxytocinproduktion

Alternativ kann bei leichteren psychischen Problemen die körpereigene Oxytocinproduktion angeregt werden. Das gelingt unter anderem durch Massagen (vor allem im Nacken), Streicheln, sexuelle Aktivitäten und Stillen des Säuglings. Vermindert wird die Konzentration des Hormons im Körper vor allem durch Alkohol, männliche Sexualhormone schwächen die günstigen Wirkungen deutlich ab.

Weitere Wirkungen

Abgesehen von den oben genannten psychosozialen Wirkungen kann Oxytocin noch die Erinnerungsfähigkeit verbessern und das Immunsystem stärken. Diese beiden Wirkungen können bei Angstzuständen indirekt ebenfalls nützlich sein, denn Ängste stören oftmals das Gedächtnis und schwächen die Immunfunktionen. Geht es unabhängig von der Psyche lediglich darum, Erinnerungsvermögen und Abwehrkräfte zu verbessern, muß Oxytocin natürlich nicht mit Psychotherapie kombiniert werden.

Kritiker befürchten einen Mißbrauch

Kritiker befürchten allerdings, daß Oxytocin mißbraucht werden kann, um Menschen unmerklich zu manipulieren. Theoretisch ließen sich zum Beispiel Geschäftspartner bei Verhandlungsgesprächen beeinflussen und Frauen zu sexuellen Handlungen verführen, Gefangene könnten wohl ohne Gewalt zu Geständnissen veranlaßt werden, obwohl sie schweigen wollten und sich vielleicht selbst unnötig belasten.

Bislang bewahren davor die kurze Wirkungsdauer des Nasensprays und die rasche Gewöhnung mit immer höherer Dosierung. Später mag es vielleicht einmal erforderlich werden, die Anwender davor zu schützen. Aber auf den therapeutischen Gebrauch von Oxytocin sollte trotz der theoretischen Gefahr des Mißbrauchs nicht verzichtet werden, denn es bedeutet nach heutigem Wissen eine Bereicherung der Psychopharmakologie.

Bereicherung der Psychopharmakologie

Ohnehin wirkt die übliche Psychotherapie wohl zum Teil auch dadurch, daß dabei unmerklich die Oxytocinproduktion angeregt wird. Deshalb wird niemand aus Furcht vor Mißbrauch den Verzicht darauf verlangen.

Homöopathische Psychopharmaka

Homöopathie wird zunehmend von der Schulmedizin anerkannt

Die Homöopathie ist aus der modernen Naturmedizin nicht mehr wegzudenken. Inzwischen faßt sie aber auch in der offiziellen Medizin, die das Heilverfahren lange strikt ablehnte und anfeindete, allmählich Fuß, weil die therapeutischen Wirkungen nicht mehr einfach zu ignorieren sind.

Es führt im Rahmen dieses Buchs zu weit, die Homöopathie ausführlicher vorzustellen. Grob vereinfachend kann man sie als ein Heilverfahren definieren, das mit Hilfe hochverdünnter Wirkstoffe im Kör-

Definition

per Heilreaktionen auslöst, die sich gezielt gegen Krankheitsursachen richten.

Individuelle Heilmittel

Die individuelle Homöopathie verordnet ihre Heilmittel nicht schematisch, sondern sucht für jeden Patienten die möglichst genau passenden aus, um die bestmögliche Wirkung zu erzielen. Bei dieser Auswahl achtet man nicht allein auf körperliche, sondern ebenso auf psychische Aspekte. Nur so wird das Heilverfahren seinem Anspruch gerecht, den Patienten als körperlich-seelische Einheit ganzheitlich zu erfassen.

Homöopathische Psychopharmaka

Folglich kennt die Homöopathie auch verschiedene Psychopharmaka, die überzeugend und ohne unerwünschte Begleiterscheinungen wirken können. Vor allem die umstrittenen hohen und höchsten Verdünnungen erweisen sich in der Praxis bei psychischen Problemen oft als besonders wirksam.

Hohe und höchste Verdünnungen erweisen sich als besonders wirksam

Genau erklären läßt sich dieses Phänomen noch nicht. Es mag sein, daß es bei homöopathischen Wirkstoffen nicht wie in der Schulmedizin auf die Dosis ankommt. Vielmehr scheint die wirksame Substanz ihre heilenden »Informationen« an das Medium (z. B. Alkohol) abzugeben, mit dem sie verdünnt wird. Somit können sie selbst bei höchster Potenzierung nicht verlorengehen. Und die Psyche spricht vielleicht auf solche »feinstofflichen Informationen« am besten an.

Dieser Versuch einer Erklärung bleibt vorläufig noch unsicher und genügt naturwissenschaftlichen Regeln nicht. Für die praktische Arbeit erscheint das indes nicht so wichtig. Entscheidend kommt es auf die Wirksamkeit an, die nach praktischer Erfahrung als gesichert gelten kann.

Gesicherte Wirksamkeit

Es gehört zu den Besonderheiten der Homöopathie, daß ein einzelner Wirkstoff nie allen hilft, die an der gleichen Krankheit leiden. Deshalb können auch zur Therapie der Angst keine homöopathischen Mittel angeführt werden. Zwar ließe sich nicht ausschließen, daß sie in einzelnen Fällen tatsächlich etwas bewirken, aber das wäre dann zufällig, und auf Zufall sollte keine Behandlung beruhen.

Zur Therapie der Angst können keine homöopathischen Mittel genannt werden

Folgt man den Regeln der klassischen Homöopathie, muß bei jedem Angstpatienten im Rahmen einer sehr gründlichen Untersuchung ermittelt werden, welcher Wirkstoff ihm am besten nützen könnte. Das läßt sich in einer üblichen Kassenarztpraxis selbstverständlich nicht realisieren. Aber auch die Anzahl klassisch arbeitender Homöopathen für Privatpatienten ist gering, zumal dann, wenn sie Erfahrungen mit homöopathischen Psychopharmaka besitzen sollen.

Komplexhomöopathie

Auf Grund dieser problematischen Situation entstand die Komplexhomöopathie. Von den Anhängern der klassischen Homöopathie wird sie zwar überwiegend abgelehnt, aber sie kann ebenfalls gute Erfolge nachweisen. Anders als klassische Homöopathika enthalten Komplexmittel nicht nur einen Wirkstoff, der einem ganz bestimmten Patienten optimal entspricht, sondern bestehen aus mehreren homöopathischen Einzelstoffen.

Herstellung der Komplexe

Zur Herstellung solcher Komplexe, die sich jeweils für bestimmte Heilanzeigen eignen, wählt man homöopathische Mittel aus, die als Einzelmittel vielen Patienten bereits helfen konnten. Das erhöht von vornherein die Wahrscheinlichkeit, daß sich in dem Komplex auch ein individuell genau passender Einzelstoff für den Patienten befindet. Aber selbst wenn das nicht der Fall ist, passen die verschiedenen Wirkstoffe wenigstens annähernd zum individuellen Krankheitsbild. Indem sie sich gegenseitig ergänzen und verstärken, erzielen sie eine ähnlich gute Wirkung wie ein genau passender Einzelstoff.

Vorteil dieser Therapie

Der Vorteil dieser Therapie besteht vor allem darin, daß auch Mediziner mit wenig homöopathischer Erfahrung sie erfolgversprechend verordnen können. Das erspart dem Patienten unnötige chemische Medikamente.

Komplexhomöopathie eignet sich auch zur Selbsthilfe

Überdies eignet sich die Komplexhomöopathie bei einfacheren Beschwerden auch zur Selbsthilfe, die mit der komplizierteren klassischen Homöopathie mangels Spezialwissen nahezu ausgeschlossen ist. Ein geeignetes Komplexmittel zur selbständigen Therapie

(z. B. bei leichteren Angstzuständen) findet das Fachpersonal in der Apotheke problemlos. Und nicht zuletzt erspart die Komplexhomöopathie natürlich auch einem erfahrenen homöopathischen Mediziner bei einfacheren Erkrankungen die zeitaufwendige Suche nach dem individuell »maßgeschneiderten« Einzelmittel.

Einige Einwände der klassischen Homöopathie gegen die Komplexmittel sollten ernsthaft fachlich diskutiert werden. Allerdings stehen dahinter oft nur Vorurteile und das »Kleben« an Traditionen, die nicht mehr zeitgemäß und angebracht sind. »Wer heilt, hat recht!« Dieses Prinzip der Biomedizin muß auch der Komplexhomöopathie zugebilligt werden. Davon ganz abgesehen bleibt bei leichteren Gesundheitsstörungen immer noch Zeit für die klassische Homöopathie, wenn ein Komplexmittel doch einmal nicht ausreichend hilft.

»Wer heilt, hat recht!"

Bach-Blütentherapie

Diese heute noch heftig umstrittene Therapieform führte der englische Arzt Edward Bach (1880–1936) ein. In der Praxis bewährt sie sich oft so gut, daß seit geraumer Zeit eine wachsende Patientenzahl nach dem Heilverfahren fragt.

Edward Bach

Anfangs befaßte sich Bach eingehend mit der klassischen Homöopathie. Im Verlauf seiner Arbeit erkannte er, daß homöopathische Mittel zum Teil besser wirken, wenn man sie nicht in der üblichen Weise nach den organischen Symptomen auswählt, sondern sich am psychischen Befinden der Patienten orientiert.

Sich am psychischen Befinden der Patienten orientieren

Daraus leitete er schließlich ab, daß Erkrankungen durch negative seelische Zustände verursacht werden, die auf inneren Konflikten beruhen. Mit der Blütentherapie werden diese Zustände (z. B. Ängste) bewältigt, die Krankheit kann vollständig ausheilen.

Kritiker der Heilmethode wenden häufig ein, daß Bach die Bedeutung der psychischen Krankheitsfaktoren überbewertete. Das läßt sich nicht ganz von der

Kritik an der Therapie

Hand weisen, nicht jede Gesundheitsstörung erklärt sich aus seelischen Grundursachen. Hier unterlief Bach ein Fehler, den viele andere medizinische Außenseiter ebenfalls begingen: Verallgemeinerung einer im Grunde richtigen Erkenntnis.

Allerdings tut das der Blütentherapie keinen nennenswerten Abbruch, denn auch die anerkannte psychosomatische Medizin geht davon aus, daß bis zu 70 % aller körperlichen Störungen mit seelischen Einflüssen in Beziehung stehen. Angesichts dessen entlarvt sich die Kritik eher als Vorurteil.

Bis 70 % aller körperlichen Störungen haben seelische Einflüsse

Im Lauf der Zeit entfernte sich Bach von der Homöopathie und fand in zahlreichen Versuchen schließlich 38 wildwachsende Blüten, die jeweils einem bestimmten negativen Seelenzustand zugeordnet werden können. Diese Blüten werden in einem von ihm entwickelten Spezialverfahren zu Arzneimitteln aufbereitet, die man inzwischen unter dem Oberbegriff *Bachblüten* zusammenfaßt.

38 wildwachsende Blüten, die einem bestimmten negativen Seelenzustand zugeordnet sind

Bachblüten

Für den negativen seelischen Angstzustand fand er mehrere geeignete Blüten, die je nach Charakteristik der verschiedenen Angstformen verabreicht werden. Das ermöglicht eine sehr fein auf die individuellen Umstände abgestimmte Therapie. Die folgenden Blüten eignen sich dazu:

Blüten für den negativen seelischen Angstzustand

- *Espe,* die bei allgemeiner Neigung zur Ängstlichkeit und bei Angst vor dem Unbekannten angezeigt ist.
- *Gefleckte Gauklerblume,* gut wirksam bei Angst vor dem Bekannten und bei Schüchternheit (soziale Angst).
- *Gemeines Sonnenröschen,* geeignet bei schweren Angstzuständen und Panikattacken.
- *Kirschpflaume,* hilfreich bei ängstlicher Erregung und Unruhe, insbesondere dann, wenn Angst vor einem »Nervenzusammenbruch« besteht.
- *Rote Kastanie,* besonders hilfreich bei sozialen Ängsten, wenn übertriebene Angst um andere im Vordergrund steht.

Zum Teil werden auch noch andere Blüten bei Angst angewendet, auf die hier aber nicht mehr weiter eingegangen werden kann.

Notfalltropfen

Erwähnt seien noch die *Notfall-(Rescue-)tropfen* mit mehreren Blüten, die zur Soforthilfe bei allen akuten psychischen Belastungen (auch Angst-, Panikattacken) geeignet sind.

Zur Selbsthilfe geeignet

Nach Bachs Absichten soll seine Blütentherapie zur Selbsthilfe genutzt werden. Deshalb konzipierte er sie so, daß kein umfangreiches Fachwissen (wie etwa bei der klassischen Homöopathie) notwendig ist. Aber ganz ohne genaue Informationen und Anleitungen gelingt die Selbstbehandlung natürlich nicht, man benötigt zumindest ein praxisnahes Buch dazu. Die einschlägige Literatur erhält man im Buchhandel und Reformhaus. In unklaren Fällen, wenn man die individuell richtigen Blüten nicht findet, empfiehlt sich zunächst fachliche Beratung, nach der dann die gezielte Selbsthilfe durchgeführt werden kann.

Zunächst fachliche Beratung

Bei Bedarf können Bachblüten mit anderen Heilmitteln (wie Phytotranquilizer) kombiniert werden. Chemische Psychopharmaka eignen sich allerdings kaum, um die Blütentherapie zu unterstützen, sie könnten die psychischen Selbstheilungsregulationen sogar hemmen. Ob sie dennoch indiziert sind, muß fachlich beurteilt werden.

Angst verlernen durch Verhaltenstherapie

Wenn psychische Probleme mit ungünstigen Lernprozessen zusammenhängen, muß es möglich sein, sie wieder zu verlernen. Diese Überlegung steht im Grund hinter jeder Form der Psychotherapie. Besonders deutlich erkennt man das zum Beispiel bei der Verhaltenstherapie.

Einfache Lernprozesse – rasche Wirkung

2 Richtungen der psychologischen Lerntherapie

Die psychologische Lerntherapie geht zwar verschiedene Wege, aber zwei große Richtungen erkennt man unter der Vielzahl der Therapien: Psychoanalyse und Verhaltenstherapie. Beide arbeiten mit Neu- und Umlernen, aber auf sehr unterschiedliche Weise.

Psychoanalyse

Die *Psychoanalyse* betont oft und gern, daß ihre Wirkung auf »höherem« Lernen beruht. Praktisch bedeutet das:

> Der Patient muß im Verlauf der Behandlung die Ursachen ungünstiger Lernprozesse bewußt erinnern und nachträglich verarbeiten.

Einsicht in die Erfahrungen der Vergangenheit

Erst danach wird aus Sicht der Psychoanalyse Neu- und Umlernen möglich. Dieses »höhere« Lernen bedeutet also Einsicht in die Erfahrungen der Vergangenheit und deren Folgen.

Zeitintensiv

Derart komplexe Lernprozesse erfordern naturgemäß viel Zeit. Nicht selten muß ein Patient jahrelang mehrmals wöchentlich zur Analyse gehen, bevor eine erste Wirkung spürbar wird. In dieser langen Zeit wird er mit unangenehmen bis schmerzlichen Erinnerungen konfrontiert, die er ins Unbewußte verdrängte, weil er sie bewußt nicht ertragen konnte. Eine angenehme Therapie ist das also keinesfalls. Und trotz der langen Dauer kommt es oft genug vor, daß der Patient* am Ende zwar viel von seiner Entwicklung kennt und versteht, ohne ein glücklicheres Leben zu führen. Da stellt sich berechtigt die kritische Frage, welchen Wert eine solche Behandlung überhaupt hatte.

Keine angenehme Therapie

Frage nach dem Wert der Behandlung

Lernprozesse bilden auch das »Handwerkszeug«

* Psychologen sprechen häufig vom Klienten, nicht vom Patienten; das erscheint nicht korrekt, schließlich ist auch der seelisch Kranke ein »homo patiens« (lat. homo = Mensch; patiens = geduldig, ertragend) und sollte im Vergleich zum organisch Kranken in keinen Sonderstatus abgedrängt werden, das schürt nur Vorurteile.

der *Verhaltenstherapie*. Aber anders als bei der Psychoanalyse handelt es sich dabei nicht um das komplexe Lernen durch Einsicht. Die Verhaltenstherapie forscht nicht lange nach den Ursachen negativer Lernprozesse in der Vergangenheit, sie werden einfach als gegeben angenommen. Neu- und Umlernen erreicht diese psychotherapeutische Methode durch einfache Lernprozesse, die zweckmäßigeres Verhalten einüben. So verwundert es nicht weiter, daß die Verhaltenstherapie meist rasch hilft, zum Teil genügen bereits 15–20 Sitzungen (oder sogar weniger), um den Patienten als geheilt entlassen zu können, und das bei einer Erfolgsquote, die ähnlich hoch wie bei der Psychoanalyse liegt.

Verhaltenstherapie

Einfache Lernprozesse üben zweckmäßigeres Verhalten ein

Kurze Behandlungsdauer

Kritiker der Verhaltenstherapie wenden ein, daß die Freiheit des Patienten durch menschenunwürdige »Dressur« unzulässig eingeschränkt wird. Aber dieses Argument ist schon deshalb nicht stichhaltig, weil die psychischen Störungen die Freiheit des seelisch Kranken beschränken, während die Verhaltenstherapie seine Freiheit und Würde wieder herstellt.

Kritik

Davon abgesehen arbeitet die Verhaltenstherapie keineswegs mit stumpfsinniger Dressur, ihre Methoden sind wissenschaftlich fundiert und in der Praxis bewährt. Anders als bei der (hier negativ gemeinten) Dressur kann der Patient aus freien Stücken seine Mitarbeit jederzeit abbrechen oder von Anfang an verweigern. Dies als unwürdige Dressur zu diffamieren, entlarvt sich selbst als Polemik.

Bewährte Methoden

Und – diese Frage muß erlaubt sein – ist es denn wirklich menschlicher/menschenwürdiger, den psychisch Kranken über längere Zeit hinweg zu analysieren, ohne daß er allmählich wenigstens Besserung empfindet? Wie dem auch sei: Letztlich liegt die Entscheidung zwischen Analyse und Verhaltenstherapie stets beim Patienten selbst. Er muß vom Verfahren überzeugt und zur Mitarbeit motiviert sein, sonst erzielt man mit keiner der beiden Methoden eine zufriedenstellende Wirkung.

Entscheidung liegt beim Patienten

Zur Behandlung von Angstzuständen bewähren sich zwei verhaltenstherapeutische Techniken oft besonders gut, die psychische Desensibilisierung und die Konfrontation mit der Angst. Welche dieser beiden Methoden sich im Einzelfall am besten eignet, kann nur der Therapeut beurteilen.

Behutsame Desensibilisierung

Wirkungsprinzip

Die De-(Hypo-)sensibilisierung wendet die Medizin bei Allergien an. Das Wirkungsprinzip ist relativ einfach: Überempfindlichkeit gegen bestimmte Allergene (z. B. Blütenpollen) wird allmählich abgebaut, indem man das körpereigene Immunsystem zunächst sehr geringen, danach langsam ansteigenden Dosen eines unverträglichen Stoffs aussetzt, damit es sich daran gewöhnt. Das Therapieziel ist erreicht, wenn die Immunregulationen schließlich auch die im täglichen Leben vorkommenden Allergendosen ohne unerwünschte Reaktion vertragen.

Psychische Desensibilisierung

Welche Reize rufen Angst hervor?

Im Grunde nicht viel anders wirkt die *psychische Desensibilisierung*. Dabei wird zuerst genau ermittelt, welche Reize/Situationen bei einem Patienten Angst hervorrufen. Das erfordert große Sorgfalt, damit sie exakt erkannt werden, und damit steht und fällt der therapeutische Erfolg.

Angstreaktionen müssen verlernt werden

Therapieziel

Anschließend wird der Betroffene diesen Reizen ausgesetzt, damit die erlernten Angstreaktionen wieder verlernt werden. Anfangs wählt man schwache Reize, sobald sie ertragen werden, steigert man allmählich die Reizintensität. Am Ende der Therapie verkraftet der Patient alle vorher angstauslösenden Reize/Situationen im Alltag ohne Reaktionen.

Eine Entspannungstechnik muß gut beherrscht werden

Die psychische Desensibilisierung erfordert allerdings, daß eine Entspannungs-/Meditationstechnik (s. S. 74) so gut beherrscht wird, daß man sich mit ihrer Hilfe auch in Angstsituationen noch tief entspannen kann. Wer noch nicht regelmäßig mit einer solchen

Methode übt, muß zunächst die persönlich am meisten zusagende Technik erlernen und konsequent so lange trainieren, bis er sich praktisch jederzeit rasch entspannen kann. Erst dann macht es Sinn, die Desensibilisierung anzuwenden.

Die aufsteigenden Ängste müssen kontrolliert werden

Bei dieser Therapie kommt es nämlich entscheidend darauf an, daß die in verschiedenen Situationen aufsteigenden Ängste kontrolliert werden. Das gelingt nicht bewußt willentlich, denn solche Reaktionen laufen unwillkürlich ab. Nur in tiefer Entspannung lassen sie sich indirekt beherrschen, im Verlauf der Behandlung immer besser.

Auf diese Weise lernt der Patient, daß er den Angstreaktionen auf bestimmte Reize/Situationen nicht hilflos ausgeliefert ist, so daß er sich der Angst stellen kann.

Durchführung

Die Psychotherapie durch Desensibilisierung sollte fachlich durchgeführt werden, aktive Mitarbeit der Betroffenen ist aber unabdingbar. Dazu gehört zunächst das Entspannungstraining. Später muß man sich bewußt machen, welche Reize/Situationen Angstreaktionen provozieren. Als Gedächtnisstütze sollte jeder Einfall hierzu auf einem Zettel notiert werden.

Wie stark werden die Ängste individuell empfunden?

Die Notizen auf einzelnen Zetteln erleichtern auch die nächste Aufgabe. Dabei werden die verschiedenen angstauslösenden Faktoren danach bewertet, wie stark die damit verbundene Angst individuell empfunden wird. Das spielt für die Therapie eine wichtige Rolle, denn sie soll mit den schwächsten Reizen beginnen.

Am besten gelingt diese Beurteilung, indem man sich jeden Reiz/jede Situation so intensiv wie möglich vorstellt und darauf achtet, wie intensiv die Angst dann auftritt. Auf diese Weise werden alle Notizen durchgearbeitet, bis man die Zettel in eine gewisse Rangordnung bringen kann.

Zur 1. Therapiesitzung wird der schwächste Reiz

Mit dem schwächsten Reiz beginnen

verwendet. In tiefer Entspannung malt man sich die schwache angsterzeugende Situation so intensiv wie möglich vor dem inneren Auge aus. In der Regel führt das zu seelischen und/oder körperlichen Angstsymptomen. Aber sie lassen sich beherrschen, indem man den entspannten Zustand vertieft. Nach einiger Übung kann man sich den schwächsten Reiz deutlich vorstellen, ohne dabei noch Angst zu empfinden.

Ziel: Man stellt sich den Reiz vor, ohne Angst zu empfinden

Dann wird ein etwas stärkerer Reiz ausgewählt, mit dem man in der gleichen Weise arbeitet, bis er auch keine Angst mehr erzeugt. Nach und nach gelangt man so immer höher auf der Skala der angsterzeugenden Reize/Situationen. Schließlich kann man sich im Idealfall den stärksten Angstfaktor intensiv vorstellen, ohne daß Angstgefühle auftreten. Damit endet der theoretische Teil der Desensibilisierung.

Das Verfahren darf nicht abgekürzt werden

Nicht selten versuchen Patienten, das Verfahren abzukürzen, indem sie bereits zum nächststärkeren Reiz übergehen, obwohl der gerade bearbeitete schwächere noch Angst verursacht. Das beschleunigt die Therapie keineswegs, im Gegenteil: Was bis dahin erarbeitet wurde, geht verloren, die Desensibilisierung muß ganz von vorne beginnen. Die Lernprozesse lassen sich eben nicht beschleunigen.

Praktischer Teil

Angstfreies Verhalten im täglichen Leben erproben

Sobald selbst der stärkste Angstreiz intensiv vorgestellt werden kann, ohne daß noch Angstreaktionen auftreten, beginnt der praktische Teil. Aufbauend auf der bisherigen Desensibilisierung geht man nun daran, das erlernte angstfreie Verhalten im täglichen Leben zu erproben. Das bedeutet:

> Man setzt sich bewußt Reizen/Situationen aus, die vor der Therapie Ängste auslösten. Bei erfolgreicher Desensibilisierung empfindet man auch real keine Angst mehr.

Wie bei den theoretischen Übungen geht man auch in der Realität zuerst vom schwächsten Reiz aus. Die entsprechende Situation wird mehrmals im Alltag durchlebt. Das fördert die Gewißheit, daß künftig in solchen Fällen keine Angstreaktionen mehr zu befürchten sind.

In gleicher Weise arbeitet man sich Schritt für Schritt von den schwächeren Reizen empor zu den stärksten, die früher heftige Angstzustände provozierten. Mit jedem Schritt in der Realität wachsen Sicherheit und Selbstvertrauen. Wenn auch der intensivste Reiz real ohne Angstreaktionen überstanden wurde, endet die Desensibilisierung mit der psychischen Genesung.

Sicherheit und Selbstvertrauen wachsen

Psychische Genesung

Genau betrachtet spielt der Therapeut bei dieser Behandlung nur die Rolle eines fachkundigen Begleiters, der bei Bedarf eingreift, ansonsten aber die therapeutische Arbeit größtenteils dem Patient überläßt (nicht aus Bequemlichkeit, das gehört eben zur Desensibilisierung). So liegt die Frage nahe, ob die Behandlung nicht gleich selbständig durchgeführt werden könnte.

Therapeut als fachkundiger Berater

Die Antwort kann nicht eindeutig ausfallen. Grundsätzlich gilt, daß die Desensibilisierung unter fachlicher Verlaufskontrolle angewendet werden soll, weil dabei immer wieder Fragen und Probleme auftauchen können, die nur der Therapeut richtig zu klären vermag.

Fachliche Verlaufskontrolle

Aber wenn das Wirkungsprinzip dieser Behandlung gut verstanden wurde, erscheint es im Einzelfall vertretbar, bei leichteren psychischen Störungen einen Selbstversuch zu starten. Der muß allerdings abgebrochen werden, wenn man mit der Methode doch nicht zurechtkommt oder der Zustand sich vielleicht gar verschlechtert.

Selbstversuch bei leichten Störungen möglich

Ernstere seelische Probleme hingegen verbieten Selbsthilfe von vornherein, weil bereits die notwendige Entspannung schwerfällt. Hinzu kommt die Angst davor, sich angstauslösende Reize/Situationen vorzustellen, die eine Desensibilisierung praktisch unmöglich macht.

»Harte« Konfrontationstherapie

Mit Hilfe der Desensibilisierung lernt man Schritt für Schritt, mit immer stärkeren Angstreizen ohne Reaktionen zurechtzukommen. Im Vergleich zu dieser behutsamen Methode wirkt die Konfrontationstherapie auf den ersten Blick fast »unmenschlich hart«. In der Tat eignet sie sich nicht für alle Angst-/Panikpatienten. Wenn sie aber durchgeführt werden kann, bestehen günstige Aussichten, die psychische Störung relativ schnell, vollständig und dauerhaft zu bewältigen.

Nicht für alle Angstpatienten geeignet

Die Behandlungstechnik beruht auf der wenig bekannten Tatsache, daß Angst-/Panikattacken nicht unbegrenzt lange dauern können. Irgendwann brechen sie von selbst in sich zusammen, die Angst geht zurück, und die körperliche Anspannung löst sich. Es ist fast schon die »halbe Therapie«, wenn der Patient das erstmals erfährt.

Angstattacken dauern nicht unbegrenzt lange

Aber ganz so einfach, wie es klingen mag, gelingt es doch nicht, die Angst zu besiegen. Erklärt man den Betroffenen, daß jeder Angst-/Panikanfall schließlich von selbst enden muß, spricht man dadurch Bewußtsein und Verstand an. Das Unbewußte jedoch läßt sich so nicht »überzeugen«. So führt leider kein Weg vorbei an der unangenehmen praktischen Erfahrung. Das bedeutet:

Angst ist nicht einfach zu besiegen

> Der Patient muß sich angstauslösenden Reizen/Situationen stellen, um zu erleben, daß Angst/Panik tatsächlich von selbst verschwindet. Nur so erzielt man therapeutische Wirkungen durch Lernprozesse.

Verständlicherweise liegt die Hemmschwelle bei dieser Therapie ziemlich hoch. Schließlich versuchen die Betroffenen im täglichen Leben ständig, alle Reize/Situationen zu vermeiden, die Angst/Panik provozieren können. Damit dieses menschlich verständliche Vermeidungsverhalten probeweise einmal aufgegeben

Hohe Hemmschwelle

Vermeidungsverhalten

werden kann, bedarf es umfassender, gut verständlicher Informationen über die Konfrontationstherapie, ferner aber auch einer tragfähigen Vertrauensbasis zwischen Therapeut und Patient. Ohne diese Grundbedingungen macht es kaum Sinn, diese Behandlung einzuleiten, oft würde das die Angst nur noch verstärken.

Vertrauen zwischen Therapeut und Patient

Deshalb muß der Angstkranke offen über Zweifel und Mißtrauen an der Therapie, vielleicht auch über mangelndes Vertrauen in den Therapeuten sprechen. Nur so kann dieser beurteilen, ob ein Patient zur Konfrontationstherapie bereit und in der Lage ist.

Gründliche Psychodiagnose

Darüber hinaus wird eine gründliche Psychodiagnostik notwendig, damit die Ursachen der Angst- und Panikzustände aufgedeckt und der Verlauf der psychischen Störung besser verstanden wird. Mit Hilfe dieser Informationen, die aktive Mitwirkung der Betroffenen erfordern, läßt sich schließlich ein individueller Therapieplan ausarbeiten.

Individueller Therapieplan

Gesundheitscheck

Überdies muß ein körperlicher Gesundheitscheck vorgenommen werden. Er soll ausschließen, daß die Ängste mit organischen Krankheiten in Beziehung stehen. Davon abgesehen soll die Untersuchung möglichst genau abklären, ob die mit der Konfrontationstherapie verbundenen stärkeren körperlichen Belastungen vom Patienten überhaupt vertragen werden.

Eine medizinisch begründete Kontraindikation könnten zum Beispiel Herz-Gefäß-Erkrankungen darstellen, wenn zu befürchten steht, daß dieses Organsystem durch die Konfrontationstherapie überfordert wird.

Sobald alle Vorbereitungen abgeschlossen sind und keine Kontraindikationen festgestellt wurden, kann die Behandlung beginnen. Teils führt man sie ambulant durch, teils empfiehlt sich ein Klinikaufenthalt. Im Durchschnitt dauert es nur 10–15 Therapietage, bis die Angst-/Panikzustände geheilt sind. Wenn innerhalb dieser Zeit keine nennenswerten Wirkungen zu beobachten sind, stehen die Chancen auf einen Erfolg

10–15 Behandlungstage

der Konfrontationstherapie ungünstiger. Dann muß individuell beurteilt werden, ob die Behandlung fortgesetzt oder abgebrochen werden soll.

Fortführung oder Abschluß der Therapie?

Die Frage nach Fortführung oder Abschluß der Therapie stellt sich auch, wenn ein Patient sich zunächst zwar den angsterzeugenden Situationen/Reizen stellt, dann aber unterbricht, ehe die Angst einbricht und natürliche Entspannung eintritt. Das bedeutet stets einen Rückschlag, der die ganze vorherige Arbeit zunichte macht. Unter Umständen läßt sich das durch die weitere Konfrontationstherapie nicht wieder ausgleichen.

Behandlungsziel

Das Behandlungsziel besteht darin, den Patienten Reizen/Situationen auszusetzen, die bei ihm normalerweise massive Angst-/Panikreaktionen auslösen. Der Therapeut versucht, diese Reaktionen noch zu verstärken, bis Angst/Panik auf einem Höhepunkt angelangt und kaum noch erträglich ist. Erst jetzt »kippt« der Zustand des Angstkranken, tiefe Entspannung tritt ein.

Entspannung tritt ein

In der Regel werden an jedem Therapietag mehrere Angst-/Panikanfälle provoziert. Im Lauf der Zeit setzt sich die Entspannung durch die ständige Wiederholung immer rascher durch.

Sobald die Fortschritte des Patienten weit genug gediehen scheinen, wird er (ähnlich wie bei der Desensibilisierung) die Konfrontationen im wirklichen Leben selbst und ohne fachliche Begleitung suchen müssen. Erst wenn auch die realen Erfahrungen ihm bestätigen, daß er nicht mehr von Angst/Panik beherrscht wird, kann er sich endgültig befreien. Das schließt freilich nicht aus, daß andere Reize/Situationen später erneut Angst-/Panikzustände verursachen können. Ein Leben ganz frei von Ängsten gelingt auch nach der Konfrontationstherapie nie.

Konfrontationen im Leben suchen

Ein Leben ganz frei von Ängsten gelingt nie

Manche Menschen können sich auch ohne fachliche Hilfe ihren Angst-/Panikreaktionen stellen und die psychischen Störungen dadurch dauerhaft bewältigen. Eine selbständige Konfrontationstherapie soll hier aber ausdrücklich *nicht* empfohlen werden. Man kann nie voraussehen, ob sie erfolgreich verläuft, das Risiko einer Verschlechterung des Zustands durch die Selbsthilfe erscheint unvertretbar hoch.

Keine selbständige Therapie

Nur wenn es unbeabsichtigt zur Konfrontation mit angsterzeugenden Reizen/Situationen kommt und der Patient dabei zufällig erlebt, wie Angst/Panik auf dem Höhepunkt einbrechen und durch Entspannung ersetzt werden, kann man versuchen, auf dieser Erfahrung die Selbsthilfe aufzubauen. Die Erfolgschancen stehen dann günstiger als bei der gewollten Konfrontation. Besser sollte aber auch in solchen Fällen zumindest ein fachlicher Rat zur weiteren Selbstbehandlung eingeholt werden.

Unbeabsichtigte Konfrontation mit angsterzeugenden Reizen

Klassische Psychoanalyse – Gesprächstherapie

Zur Behandlung seelischer Störungen stehen heute über 150 Verfahren zur Verfügung. Auch wenn längst nicht jedes die Bezeichnung Psychotherapie verdient, bleiben doch genug seriöse Techniken, die wirklich helfen können.

Über 150 Verfahren zur Behandlung seelischer Störungen

Psychisch Kranke, die sich mit dem Gedanken an eine Therapie tragen, sollten sich vor der Entscheidung über möglichst viele Methoden informieren, denn keine paßt zu jedem Patienten. Es kommt vornehmlich darauf an, daß man versteht, wie die Behandlungsform wirkt, und ihr vertraut. Unter diesen Voraussetzungen kommt es weniger darauf an, für welches Therapieverfahren man sich entscheidet.

Über möglichst viele Methoden informieren

Auch für die von *Sigmund Freud* (1856–1939) begründete Psychoanalyse gilt, daß sie sich nicht für jeden psychisch Kranken eignet. Das muß vom Patienten gemeinsam mit dem Therapeuten individuell abgeklärt werden. Obwohl die Freudsche Analyse die mo-

Sigmund Freud Psychoanalyse

derne Psychotherapie maßgeblich mit prägte, darf sie keineswegs pauschal als die »beste Behandlung« beurteilt werden. Es gibt genügend andere, die ähnlich gute Ergebnisse nachzuweisen haben.

Es ist nicht die beste Behandlung

Aber die Psychoanalyse nimmt dennoch eine gewisse Sonderstellung ein, weil Freud als erster das Unbewußte in die Therapie seelischer Störungen einführte. Das löste nicht nur in der Psychologie eine »kleine Revolution« aus, sondern beeinflußte auch viele andere Lebensbereiche nachhaltig.

Unbewußtes

Mittlerweile geriet Freud etwas in Mißkredit. Abgesehen davon, daß seine Analyse meist viel Zeit erfordert, relativ hohe Kosten verursacht und keine Studien vorliegen, die den Nutzen dieser Therapie eindeutig bestätigen, gibt es auch seriöse Hinweise auf bewußte Manipulationen. So soll er zum Teil Berichte über Patienten vor der Publikation verfälscht haben, damit sie zu seinen Theorien paßten, selbst wenn sie tatsächlich eher in Widerspruch dazu standen.

Kritik

Und nicht zuletzt begründen die Erkenntnisse der modernen Schlaf- und Gehirnforschung Zweifel daran, daß Träume tatsächlich der »Königsweg« zum Unbewußten sind, wie Freud lehrte. Es mag sein, daß sie einfach nur als zufällige Ergebnisse biochemischer Vorgänge im Gehirn auftreten.

Das alles soll jedoch nicht davon abhalten, sich einer Psychoanalyse zu unterziehen, wenn man davon überzeugt und gut dazu motiviert ist. Dann bestehen günstige Aussichten, daß diese Methode tatsächlich hilft.

Stark vereinfacht dargestellt versucht man bei der klassischen Analyse, durch Deutung von Träumen und freien Einfällen des Patienten die Wurzeln seiner psychischen Probleme im Unbewußten aufzudecken. Dann treten sie wieder ins Bewußtsein und können nachträglich verarbeitet werden.

Wurzeln der psychischen Probleme durch Deutung von Träumen aufdecken

Was so einfach klingt, erweist sich in der Praxis meist als langer, steiniger Weg. Der Patient wehrt sich natürlich unbewußt dagegen, verdrängte Inhalte sei-

Steiniger Weg in der Praxis

ner Psyche wieder bewußt werden zu lassen. Schließlich hat er sie ja aus dem bewußten Leben verdrängt, weil sie als zu stark belastend, schmerzlich und quälend empfunden wurden.

Furcht vor Erinnerungen an unangenehme Erfahrungen

Von der Psychoanalyse befürchtet er nun mit Recht, daß im Verlauf dieser Therapie Erinnerungen an unangenehme Erfahrungen (häufig in der Kindheit) geweckt werden. In der Regel handelt es sich dabei um Ereignisse und Situationen, die mit Enttäuschung, Versagen, Angst, Scham, Schuld und ähnlichen negativen Gefühlen einhergingen.

Die verdrängten Erinnerungen wurden nicht verarbeitet

Die Furcht vor den Erinnerungen ist begründet, denn die verdrängten Inhalte wurden vorher nicht verarbeitet. Sobald sie während der Analyse wieder bewußt werden, tauchen selbst nach langer Zeit noch die Empfindungen auf, die damals die Verdrängung veranlaßten. Auch wenn dem Patienten die Zusammenhänge zunächst nicht recht bewußt sind, entwickelt er meist mehr oder minder starke psychische Widerstände gegen die Erinnerung.

Psychische Widerstände gegen die Erinnerung

Darüber hinaus überträgt er Gefühle auf den Analytiker, die früher einmal gegen seine Eltern und/oder andere Bezugspersonen bestanden, aber nicht offen ausgelebt wurden. Wenn zum Beispiel ein zu strenger Vater Haß und Ohnmachtsgefühle, eine gefühlsarme Mutter Frustrationen weckte, konnte der Patient diese Empfindungen im Kindesalter nicht richtig an den Eltern abreagieren, sie wurden ebenfalls verdrängt. Bei der Psychoanalyse übernimmt der Therapeut die Rolle eines Stellvertreters, auf den diese Gefühle projiziert werden.

Therapeut als Stellvertreter

Viele Patienten fühlen sich unwohl bei der Vorstellung, die lange Zeit unterdrückten Emotionen am Analytiker abzureagieren. Aber dieses Übertragungsphänomen bildet einen wesentlichen Bestandteil der analytischen Arbeit. Die auf den Therapeuten übertragenen Gefühle werden ebenso wie die inneren Widerstände gegen die Analyse, Träume und freie Einfälle gedeutet. Deshalb dürfen diese Emotionen nicht aus

Übertragungsphänomen

falscher »Scham« verschwiegen werden, sonst gefährdet man den Therapieerfolg.

Wahl des richtigen Zeitpunkts

Eine Kunst für sich ist die Wahl des individuell richtigen Zeitpunkts, an dem der Patient mit Deutungen konfrontiert wird. Erfolgt das vorschnell, besteht nicht nur ein erhöhtes Risiko, daß der Analytiker sich irrt. Vielmehr ist der Patient dann einfach noch nicht bereit für die Einsichten. Er wird die Deutungen als falsch zurückweisen, vielleicht gar die gesamte Therapie abbrechen, weil er sich nicht gut verstanden fühlt.

Idealfall: Die psychischen Störungen sind überwunden

Einsichten zur passenden Zeit hingegen vertiefen das Wissen um die eigene Persönlichkeit und ihre Entwicklung und setzen Lernprozesse in Gang. Im Idealfall endet das Neu- und Umlernen damit, daß die psychischen Störungen überwunden sind (das schützt jedoch nicht vor späteren anderen seelischen Problemen und Krisen).

Alfred Adler

Individualpsychologie

Ein ehemaliger Anhänger Freuds, der Wiener Psychiater *Alfred Adler* (1870–1937), suchte nach einem anderen therapeutischen Ansatz und wurde so zum Begründer der *Individualpsychologie*. Anders als die Analyse Freuds beschäftigt sich Adlers Variante der Tiefenanalyse vor allem mit der Frage, wie ein Mensch mit tatsächlichen oder vermeintlichen persönlichen »Minderwertigkeiten« umgeht. Gelingt ihm ein sinnvoller Ausgleich, entwickelt er neurotische Minderwertigkeitsgefühle oder kommt es zum übersteigerten, ebenfalls neurotischen Ausgleichsversuch?

Beispiel kleinwüchsige Menschen

Typisches Beispiel für Adlers Lehre von den Neurosen sind kleinwüchsige Menschen, die unter dem vermeintlichen »Mangel« geringer Körpergröße leiden. Zum Teil finden sie sich damit problemlos ab, aber auch Minderwertigkeitsgefühle oder Überkompensationen kommen nicht selten vor. Im letzteren Fall machen sich die Betroffenen unter Umständen durch ihre Versuche, die geringere Körpergröße auf andere Weise auszugleichen, unter Umständen lächerlich, können jedoch auch zu großen Leistungen befähigt werden (Napoleon zum Beispiel war ein kleinwüchsiger

Mensch, der mit seinen Leistungen wahrscheinlich überkompensierte).

Die Individualpsychologie versucht, dem Patienten die Zusammenhänge zwischen Minderwertigkeitsgefühlen und psychischen Störungen bewußt zu machen. Im günstigsten Fall kann er nach dieser Therapie ohne seelische Probleme mit seinen »Mängeln« leben. Allerdings erfaßt die Behandlung damit nur einen Teil der möglichen Ursachen einer Neurose.

Zusammenhang zwischen Minderwertigkeitsgefühl und psychischen Störungen

In erster Linie beeinflußte Adler die Pädagogik, denn ihm war besonders wichtig, der Entwicklung von Minderwertigkeitsgefühlen bereits in der Kindheit durch geeignete erzieherische Hilfen entgegenzuwirken. In der Psychotherapie erlangte er allerdings nicht annähernd so viel Bedeutung wie Freud.

Einfluß auf die Pädagogik

Wer sich mit dieser Therapierichtung anfreunden kann, darf auch von der Individualpsychologie ähnlich gute Ergebnisse wie von der Psychoanalyse erwarten.

Das vertraute Gespräch mit einem nahestehenden Menschen kann bei vielen psychischen Problemen eine Therapie ersetzen. Die Wirkung basiert zum Teil darauf, daß man sich dabei selbst klarer über die eigene Situation und aktuelle Probleme und Konflikte wird, so daß leichter Lösungen gefunden werden. Der Gesprächspartner hat dabei nicht die Aufgabe, Ratschläge zu erteilen, er soll einfach nur aufmerksam mit echter Anteilnahme zuhören. Vielleicht leiden heute so viele Menschen an seelischen Störungen, weil die Kunst des Zuhörens und des Austauschs im Gespräch nicht mehr genug gepflegt wird?

Vertrautes Gespräch mit nahestehendem Mensch

Gesprächspartner soll nur zuhören

Vor allem amerikanische Therapeuten entwickelten auf der Basis einfacher Gespräche eine neue Behandlungsmethode, die *Gesprächstherapie*. Dabei unterscheidet man die »kleine« und die tiefenpsychologische »große« Behandlung.

Gesprächstherapie

Die kleine *Therapie* kann vereinfacht als *Ausspra-*

Aussprache

che definiert werden. Der Patient berichtet möglichst offen und ungeschminkt über Gefühle, Konflikte, Frustrationen, Ängste, Probleme und andere Belastungen, die ihm »auf der Seele« lasten. Anders als beim alltäglichen Gespräch gilt die Regel, daß sich der Therapeut jeder Kritik, Be- und Verurteilung sowie anderer Meinungsäußerung strikt enthält. Nur unter dieser Bedingung gelingt eine angstfreie Aussprache.

In erster Linie muß der professionelle Helfer genau zuhören, was der Patient ihm anvertraut, um es dann klar und eindeutig zu formulieren. Auf diese Weise lernt der Betroffene wieder, sich selbst und die Wurzeln seiner psychischen Probleme besser zu verstehen. Mit dieser erweiterten Selbstkenntnis gelingt es leichter, individuell angemessene Lösungen für die psychischen Belastungen zu erarbeiten. Der Therapeut darf ihm diese nie vorgeben oder versuchen, sie in eine bestimmte Richtung zu lenken, die ihm richtig erscheint. Es kommt nicht auf die Ansichten des professionellen Gesprächspartners an, ausschlaggebend sind die Erkenntnisse und Einsichten des Betroffenen.

Der Betroffene lernt, die Wurzeln seiner Probleme besser zu verstehen

Die *große Gesprächstherapie* geht darüber hinaus, indem sie nach den unbewußten Ursachen psychischer Störungen forscht und diese dem Patienten wieder bewußt macht, damit er sie verarbeitet. Eine strenge Abgrenzung dieser vertieften Gesprächstherapie gegen tiefenanalytische Methoden ist schwer möglich und für das Behandlungsergebnis auch unwesentlich.

Große Therapie forscht nach den unbewußten Ursachen psychischer Störungen

Bei tiefenanalytischen Gesprächen bleibt der Therapeut nicht passiver Zuhörer. Vielmehr lenkt er das Gespräch unmerklich so, daß der Patient Inhalte des Unbewußten erkennt und versteht. Deshalb wirkt diese Behandlung auch bei ernsteren psychischen Problemen, bevorzugt bei Neurosen.

Der Therapeut lenkt das Gespräch

Moderne Hypnosebehandlung

Hypnose gehört zu den ältesten Formen der Psychotherapie

Die Hypnose gehört zu den ältesten Formen der Psychotherapie, bereits in der Antike war sie gebräuchlich. Eine Hochzeit erlebte sie im 19. Jahrhundert vor allem in Frankreich. Auch Freud arbeitete damit und gewann dabei Erkenntnisse für seine Psychoanalyse.

Unter dem Einfluß der von Sigmund Freud angeschobenen Entwicklung neuer Therapieformen geriet die Hypnose fast in Vergessenheit und wurde sogar als Scharlatanerie angefeindet. Erst um die Mitte des 20. Jahrhunderts gingen vor allem aus den USA neue Impulse aus, die eine genauere Erforschung und schließlich auch vermehrte Anwendung des bewährten psychologischen Heilverfahrens nach sich zogen.

Mit einem verbreiteten Vorurteil räumte die Forschung ein für allemal auf: Hypnose ist weder Humbug noch Scharlatanerie, sondern eine vollwertige psychotherapeutische Methode, sofern sie vom ausgebildeten Therapeuten korrekt durchgeführt wird.

Hypnose ähnelt der Entspannung und Meditation

In vieler Hinsicht ähnelt Hypnose der Entspannung, Meditation und Selbstbeeinflussung (autogenes Training beruht zum Beispiel teilweise auf Erfahrungen mit Hypnose), nur leitet hier der Therapeut die Übungszustände ein und formuliert auch die Suggestionen. Letztlich bleibt das aber auch eine Art Autosuggestion, denn fremde Suggestionen werden erst angenommen und befolgt, wenn sie von der eigenen Psyche zugelassen wurden.

Man gehorcht nicht willenlos in der Hypnose

Die mit Angst besetzte Vorstellung, daß man in der Hypnose willenlos gehorcht, trifft also nicht zu. Die vermeintliche Macht des Hypnotherapeuten reicht nicht weiter, als es die psychischen Kontrollinstanzen des Patienten erlauben. Davon abgesehen wird kein seriöser Therapeut versuchen, bei der Hypnose Suggestionen einzuprägen, die dem Patienten schaden.

Einleitung der Trance

Die Hypnotherapie beginnt mit der Einleitung der Trance, die individuell unterschiedlich erlebt wird und deshalb kaum zu beschreiben ist. Einfach gesagt wird in der Trance das Bewußtsein eingeengt, die Umwelt weitgehend ausgeblendet und die Aufmerksamkeit auf die Suggestionen des Therapeuten konzentriert. Dieser Zustand, der mit verschiedenen Techniken erreicht wird, sorgt dafür, daß die Suggestionen besser aufgenommen und tiefer ins Unbewußte eingeprägt werden. Daraus erfüllen sie sich im Wachzustand später selbst.

Das Bewußtsein wird eingeengt, die Umwelt ausgeblendet

Die Suggestionen werden besser aufgenommen

Suggestionen gegen psychische Symptome

Die klassische Hypnose verwendet Suggestionen, die sich gegen psychische Symptome richten. Diese werden aber nicht nur unterdrückt, indirekt regt man damit auch die seelischen Selbstheilungsfunktionen an, die schließlich die Ursachen psychischer Störungen überwinden können. Bei Personen, die leicht in tiefe Trance gelangen, kann die fachliche Hypnose auch auf die spätere Selbsthypnose vorbereiten.

Hypnoanalyse

Vertiefte Wirkungen erzielt man, wenn Hypnose mit anderen Therapien verbunden wird. So trägt zum Beispiel die *Hypnoanalyse* (Psychoanalyse in Hypnose) dazu bei, daß die Erinnerungen an längst verdrängte Erfahrungen schneller und genauer bewußt werden und die Widerstände dagegen sich verringern. Bei einer Verknüpfung der Verhaltenstherapie mit Hypnose fallen die Lernprozesse leichter, das künftige Verhalten kann praktisch wie Suggestionen im Unbewußten verankert werden. Ob und welche anderen Psychotherapien mit der Hypnose rascher und erfolgreicher durchgeführt werden können, läßt sich nur im Einzelfall fachlich beurteilen.

Hypnose eignet sich auch zur Angsttherapie

Grundsätzlich eignet sich Hypnose auch zur Angsttherapie. Nicht selten tritt dabei aber das Problem auf, daß der Patient Angst vor der Hypnose und dem vermeintlich damit verbundenen Verlust der Selbstkontrolle entwickelt. Daran kann die Hypnotherapie von vornherein scheitern.

Zum Teil gelingt es, diese Angst bei der Vorbereitung auf die Hypnose so weit zu mildern, daß die

Trance doch erreicht wird, aber sie bleibt oft oberflächlich, und die Hypnotherapie wirkt nicht optimal. (Das widerlegt übrigens die verbreitete Meinung, daß Hypnose bei einer »starken« Persönlichkeit nicht möglich ist; eher das Gegenteil trifft häufig zu, weil solche Menschen genug Selbstsicherheit besitzen, sich in der Trance gehen zu lassen, während andere aus ängstlicher Unsicherheit dazu nicht in der Lage sind.)

Trance bleibt oft oberflächlich

Keinesfalls darf man versuchen, die Hypnose zu »erzwingen«, das gelingt nie und provoziert oft heftige Widerstände. Wenn ein Patient auf Hypnose nicht ausreichend anspricht, versucht man besser Therapien.

Hypnose darf nicht erzwungen werden

Die neuen Körpertherapien

Obwohl enge Wechselbeziehungen zwischen Körper und Psyche bereits länger bekannt sind, scheinen sie in klassischen Psychotherapien kaum zu existieren, diese wirken sogar körperfeindlich. Damit verspielt man die Chancen einer Behandlung psychischer Probleme über den Körper und ignoriert die Bedürfnisse psychisch Kranker auch nach einem gewissen (natürlich nur begrenzt möglichen) Maß an körperlicher Zuwendung. Innerhalb der Grenzen sind Körpertherapien aber problemlos möglich.

Die klassischen Psychotherapien wirken körperfeindlich

Die neuen Formen der Psychotherapie, die den Körper mit einbeziehen, entstanden als Reaktion auf die körperfeindlichen klassischen Verfahren ungefähr ab den 50er/60er Jahren des 20. Jahrhunderts, wobei die USA wieder Vorreiter waren.

Viele Patienten ziehen die Körperpsychotherapien inzwischen der Psychoanalyse vor, wenn sie dazwischen wählen können. Gerade bei Angstzuständen können solche Methoden besonders wirksam sein, weil Ängste häufig in Muskelverspannungen »einge-

Besonders wirksam bei Angstzuständen

froren« werden (s. S. 157), die man durch körperorientierte Behandlung wieder »auftauen« kann.

Atemtherapie – Eutonie

Alle Entspannungstechniken wirken auf die Atmung

Aus gutem Grund wirken praktisch alle Entspannungs- und Meditationstechniken mehr oder minder deutlich auf die Atmung. Harmonisiert man sie, wirkt sich das günstig auf das Seelenleben aus. Diese Tatsache nutzt man schon seit Jahrtausenden in der indischen und asiatischen Medizin.

In diesen Kulturkreisen schreibt man der Atmung auch weit mehr Bedeutung als bei uns zu. Sie dient nach dortigem Verständnis nicht nur der Sauerstoffaufnahme und Ausatmung verbrauchter Luft, sondern wird zum Teil mit Geist und Seele oder Lebensenergie gleichgesetzt.

In Europa führte die Atemtherapie lange ein Schattendasein, mit den neuen Körpertherapien gewann sie erheblich mehr Beachtung.

Bei Angstzuständen sorgt eine Atemtechnik für allgemeine Entspannung, die der ängstlichen Anspannung entgegenwirkt. Im Lauf der Zeit können dadurch auch die Ursachen der Ängste gebessert werden. Wenn eine Atemtechnik gut genug beherrscht wird, kann man allein damit häufig einen akuten Angst- oder Panikanfall schnell unterbrechen.

Mit Atemtechnik kann ein akuter Angstanfall unterbrochen werden

Es führte zu weit, die verschiedenen Atemtechniken hier genauer vorzustellen. Ohnehin müssen sie zunächst bei einem speziell ausgebildeten Therapeuten eingeübt werden. Erst später, wenn man die Technik gut beherrscht, kann die Atemtherapie auch als Selbsthilfe verwendet werden. Falsch erlernte Atemübungen können nicht nur zu Störungen der Atmung führen, sondern indirekt auch Ängste und andere psychische Störungen verschlimmern.

Falsch erlernte Atemübungen können Ängste verschlimmern

Vertiefte Atmung hat angstlösende Wirkung

Viele Atemtechniken wollen die Atmung harmonisieren und vertiefen, um so eine allgemein beruhigende, entspannende und angstlösende Wirkung zu erzielen. Mit der Entspannung lösen sich auch Muskelverspannungen und Energieblockaden im Körper. Unter Umständen werden dabei lange »eingefrorene« Emotionen und andere verdrängte Inhalte spontan wieder bewußt und mit Gefühlsausbrüchen abreagiert.

Diese Reaktion auf die Atemtherapie ist erwünscht und für die Heilung der psychischen Probleme wichtig. Allerdings wird der Patient mit solchen Reaktionen nicht selten überfordert. Damit er die dann erforderliche fachliche Hilfe rasch erhält, sollte der Atemtherapeut psychologisch ausgebildet sein oder zumindest mit einem Psychotherapeuten zusammenarbeiten.

Patient ist oft überfordert

Die Bewältigung solcher spontanen Reaktionen im Rahmen der Therapie trägt viel mit dazu bei, seelische Probleme und Krisen endgültig zu verarbeiten. So kann man zum Beispiel psychoanalytisch erarbeiten, was sich hinter den Reaktionen bei der Atemtherapie verbirgt. Auf diese Weise kommt man den verdrängten Ursachen psychischer Störungen näher und kann sie schließlich nachträglich bewältigen. Im Vergleich zur reinen Analyse wirkt eine Kombination mit Atemtherapie oft deutlich schneller.

Überdies können Atemtechniken unter anderem noch mit Entspannung, Meditation, positiver Selbstbeeinflussung, Hypno- und Verhaltenstherapie kombiniert werden. Es richtet sich immer nach den Umständen des Einzelfalls, ob und welche dieser Kombinationen indiziert sind.

Kombination mit anderen Therapien

Unabhängig von der psychotherapeutischen Anwendung hilft die Atemtherapie noch ganz allgemein bei der Lebensbewältigung, etwa bei Streß, Hektik und Reizüberflutung des modernen Alltags. Mehr als die Hälfte der Bewohner westlicher Industriestaaten leiden als Folge des heute üblichen Lebensstils an Atmungsfehlern, bevorzugt hektisch-oberflächliche Kurzatmung. Das kann sowohl das psychische Befinden als auch die körperliche Gesundheit in Mitleiden-

Atemtherapie hilft ganz allgemein bei der Lebensbewältigung

schaft ziehen. So gesehen bedeuten Atemübungen stets auch allgemeine Gesundheitsvorsorge für Körper und Psyche.

Eutonie als Kombination von Atemtherapie und Bewegungsübungen

Eine bewährte Kombination von Atemtherapie mit Bewegungsübungen stellt die Eutonie (griech. eu = gut, normal; tonus = Spannung) dar. Die Technik zur »guten/harmonischen Spannung«, so lautet die sinngemäße Übersetzung des griechischen Wortes, entstand Mitte der 50er Jahre des 20. Jahrhunderts in Dänemark, inzwischen wurde sie weit über dessen Grenzen hinaus bekannt und geschätzt. Im weiteren Sinn kann Eutonie den Körperpsychotherapien zugerechnet werden.

Theoretische Grundlage

Die theoretische Grundlage dieser Behandlung geht davon aus, daß wir den Körper hauptsächlich automatisch benutzen, z. B. bei vielen Gewohnheitsbewegungen. Das führt aber zur Energieblockade mit Verspannung der Muskulatur und trägt indirekt mit zur Angst und anderen psychischen Problemen bei. Die Eutonie versucht nun, den Gebrauch des Körpers gleichsam »mit Bewußtsein zu erfüllen«, etwa Bewegungsabläufe, die sonst automatisch ausgeführt wurden, wieder bewußt zu machen.

Wirkt wie eine Art Gymnastik

Auf den ersten Blick wirkt Eutonie wie eine Art Gymnastik. In der Tat erzielt man damit auch Wirkungen wie durch gymnastische Übungen, aber darin besteht nicht der Zweck dieser Körpertherapie. Vielmehr sollen die Eutonie-Übungen die Bewegungsabläufe wieder bewußter machen und das Körperbewußtsein insgesamt verbessern, damit die harmonische Ganzheit von Körper und Psyche erreicht wird. Dabei lockern sich Muskelverspannungen, und Blockaden der Energieströme werden aufgelöst.

Bewegungsabläufe werden bewußter gemacht

Gefühle gelangen wieder ins Bewußtsein und werden nachträglich verarbeitet

Ähnlich wie die Atemtherapie kann auch Eutonie dazu beitragen, daß die in Verspannungen »eingefrorenen« Gefühle und Erfahrungen wieder ins Bewußtsein gelangen und nachträglich verarbeitet werden. Das kann vorübergehend zur akuten psychischen Krise führen, z. B. heftige Ausbrüche von Gefühlen, wobei die verdrängten Emotionen abreagiert werden. Unter Umständen erfordert das psychologische Hilfe.

Wenn der Eutonietherapeut keine entsprechende Ausbildung besitzt, muß sichergestellt werden, daß bei Bedarf rasch eine Psychotherapie eingeleitet werden kann.

Beginn des Programms

Zu Beginn des Eutonieprogramms versucht man, die Verspannungen im Körper bewußt wahrzunehmen. Sobald das gelingt, werden durch andere Übungen die Verspannungen und Energieblockaden aufgelöst. Hinzu kommen Übungen für eine bessere Körperhaltung, denn Haltungsfehler erzeugen durch Fernwirkung häufig Verspannungen und Schmerzen in anderen Körperregionen. Indirekt wirkt falsche Haltung auch auf die Psyche, unter anderem begünstigt das Ängste. Umgekehrt gilt, daß Haltungsfehler von psychischen Einflüssen abhängen können. Das ergibt sich vor allem aus den Zusammenhängen zwischen Körperhaltung und innerer Haltung (im Sinne von Einstellung, Meinung, Überzeugung).

Übungen für eine bessere Körperhaltung

Falsche Haltung begünstigt Ängste

Zunächst fachliche Anweisung

Zunächst muß die Eutonie nach fachlicher Anweisung eingeübt werden. Später, wenn man sie gut genug beherrscht, eignen sich die Übungen gut zur Selbsthilfe. Bei regelmäßigem Training bleibt es nicht bei günstigen Wirkungen auf die Psyche, vielmehr kann die Heilmethode auch der verbreiteten Fehlhaltung und ihren körperlichen Symptomen vorbeugen oder diese lindern, vielleicht ausheilen.

Bioenergetische Analyse

Bioenergetik geht auf die Orgonlehre zurück

Diese auch als Bioenergetik bezeichnete Körperpsychotherapie geht auf die Orgonlehre zurück, die in den 20er Jahren des 20. Jahrhunderts begründet wurde. Als Orgon verstanden ihre Anhänger eine »biologische Lebensenergie«, die bei Gesunden problemlos durch den ganzen Körper strömt. Körperliche und psychische Störungen behindern diese Energie, es

Orgon als biologische Lebensenergie

Angst als Folge fehlgeleiteter Orgonenergie

kommt zu Blockaden, Muskelverspannungen und emotionalen Krisen. Angstzustände erklären sich aus dieser Sicht als Folge fehlgeleiteter Orgonenergie. Sobald die Angst bewältigt wurde, kann Orgon wieder frei im Körper zirkulieren.

Wichtigste Heilanzeigen

Zu den wichtigsten Heilanzeigen der Orgontherapie gehörten neben Angst noch Hemmungen und emotionale Probleme. Zur Körperarbeit nutzte man bei dieser Behandlungsform vorwiegend Atemtherapie und massageartige Manipulationen an der Muskulatur. Mit der dadurch erzielten Lösung von Blockaden und Verspannungen traten psychische Reaktionen ein, die durch Analyse bewältigt wurden.

Atemtherapie und massageartige Manipulationen

Obwohl die Orgontherapie immer wieder heftig kritisiert wurde, geriet sie nicht in Vergessenheit. Auch heute wird sie noch (wenngleich seltener) praktiziert.

Bioenergetische Analyse ist selbständiges psychotherapeutisches Heilverfahren

Mehr Bedeutung gewann mittlerweile aber die *bioenergetische Analyse* (Bioenergetik), die in den 60er Jahren des 20. Jahrhunderts in den USA begründet wurde. Als theoretischer Unterbau diente die Orgonlehre, aber trotz dieser Verwandtschaft gilt Bioenergetik als selbständiges psychothera-peutisches Heilverfahren.

Die bioenergetische Körperarbeit ähnelt der Orgontherapie und bezweckt, den »Muskelpanzer« aus verdrängten Erfahrungen und Emotionen aufzubrechen. Die damit verbundene Entspannung löst Blockaden, die Bioenergie kann wieder freier zirkulieren.

Entspannung löst Blockaden

Darüber hinaus schafft die Therapie am Körper ein besseres Körperbewußtsein. Das hilft, körperliche Bedürfnisse leichter zu erkennen und zu befriedigen.

Besseres Körperbewußtsein

Mit der Lösung der Muskelverspannungen werden Erinnerungen und Emotionen bewußt, die lange Zeit verdrängt waren. Viele Patienten reagieren sie unter starken Gefühlsausbrüchen ab. Diese Reaktion, die auch bei den anderen Körperpsychotherapien relativ oft vorkommt, ist für den Therapieerfolg günstig.

Durch Tiefenanalyse (ähnlich der Freudschen Analyse) werden die psychischen Reaktionen verständlicher und die Ursachen der seelischen Probleme sichtbar, so daß sie dann nachträglich besser verarbeitet werden können.

Ferner strebt die Bioenergetik vertiefte Selbstkenntnis und mehr Selbstbeherrschung an. Dadurch werden unter anderem günstige Bedingungen für die Selbstverwirklichung in innerer Harmonie geschaffen. Und nicht zuletzt trainiert man noch die eigenen Ausdrucksmöglichkeiten, damit man sich als Persönlichkeit ganzheitlich besser präsentieren kann.

Vertiefte Selbstkenntnis und mehr Selbstbeherrschung

Training der eigenen Ausdrucksmöglichkeiten

Die bioenergetische Analyse gilt als wegweisende neue Körperpsychotherapie, die zu anderen Therapiemethoden inspirierte. Auch bei Ängsten kann die Kombination körperlicher Manipulationen mit Psychotherapie gut helfen.

Wegweisende Körperpsychotherapie

Wer einen ersten Eindruck davon erhalten möchte, was ihn bei dieser Behandlung erwartet, findet ausführliche Informationen in der einschlägigen Literatur. Wie andere Therapien, die Ursachen psychischer Störungen aufzudecken versuchen, führt auch die Bioenergetik zu zwar heilsamen, zunächst aber unangenehmen bis schmerzlichen Einsichten und Erinnerungen. Darauf sollte man sich von Anfang an einstellen.

Bioenergetik führt zu heilsamen, zunächst aber unangenehmen Einsichten

Weitere Körpertherapien

Die Erfahrungen und Erfolge mit Atemtherapie, Eutonie und Bioenergetik regten weitere körperorientierte Psychotherapien an. Im Prinzip ähneln sie oft der Orgontherapie, sind jedoch allesamt eigenständige Heilverfahren. Einige davon, die bereits etwas mehr Bedeutung erlangten, sollen noch kurz vorgestellt werden.

Strukturelle Integration (auch kurz *Rolfing* genannt) geht davon aus, daß psychisch verursachte Verspannungen und Energieblockaden nicht nur an der Muskulatur auftreten, sondern auch im Bindegewebe, das dem Körper Struktur und Form gibt.

Strukturelle Integration

Verspannungen und Blockaden

Die Verspannungen und Blockaden sind von außen im Gewebe tastbar und lassen sich durch massageartige Manipulationen lösen. Dabei können die bereits bei den anderen Körpertherapien erwähnten seelischen Reaktionen eintreten, die Auskunft über verdrängte psychische Inhalte geben. Als Ursachen bestehender seelischer Störungen müssen sie vom Patienten selbst oder durch fachliche Therapie bewältigt werden.

Idealhaltung des Körpers

Außerdem strebt diese Methode die Idealhaltung des Körpers an, weil er dann in seelisch-geistiger Harmonie mit geringstem Energieaufwand arbeitet.

Biorelease

Biorelease bezeichnet man auch als »sanfte Bioenergetik«, weil dabei kaum stärkere psychische Reaktionen auftreten. Zwar sind diese schon mehrfach genannten seelischen Folgen der Körperarbeit nützlich, aber sie belasten auch die Patienten. Unbedingt erforderlich sind sie nicht, wie die gut wirksame Bioreleasetechnik beweist.

Glatte Muskeln werden nicht direkt vom Wille gesteuert

Im Körper kommen neben der willkürlich zu beeinflussenden Muskulatur des Skeletts noch die glatten Muskeln vor, die nicht direkt vom Wille gesteuert werden können. Unter anderem befinden sie sich im Bauchraum. Biorelease basiert auf der Vorstellung, daß nicht nur die Skelettmuskeln einen »Panzer« bilden können, sondern verdrängte Gefühle auch in der glatten Muskulatur in Verspannungen »eingefroren« werden.

Arbeit an der glatten Muskulatur der Eingeweide

Deshalb arbeitet diese Therapie an der glatten Muskulatur der Eingeweide, insbesondere der Verdauungsorgane, die als »Gefühlskanal« gelten und auf psychische Einflüsse meist besonders deutlich ansprechen. Das wird durch die alltägliche Erfahrung bestätigt, daß Streß, Angst und andere psychische Belastungen zu Verdauungsbeschwerden führen können.

Verspannungen der glatten Muskulatur werden gelockert

Biorelease wendet vor allem Atem-, Entspannungstherapie und Massagen an, um Verspannungen der glatten Muskulatur zu lockern. Dabei können zwar auch verdrängte psychische Inhalte ins Bewußtsein durchbrechen, meist aber ohne heftige Gefühlsausbrüche und ähnliche Reaktionen. Wenn Emotionen überhaupt deutlich werden, reagiert man sie in der Regel behutsamer ab als zum Beispiel bei der Bioenergetik.

Besonders wichtig ist Biorelease, wenn die willkürliche Muskulatur keine stärkeren Verspannungen aufweist, also auch keinen Ansatz zur Therapie bietet. Weshalb psychische Faktoren teils zu Reaktionen der Skelettmuskeln, teils der Eingeweidemuskulatur führen, kann noch nicht genau beantwortet werden. Das mag von der individuellen Reaktionsweise eines Menschen abhängen, die mit Charakter und Persönlichkeit in Beziehung steht.

Rebirthing als Weiterentwicklung der üblichen Atemtherapie

Rebirthing kann als Weiterentwicklung der üblichen Atemtherapie verstanden werden. Als theoretische Grundlage gilt die Vorstellung, daß der Akt der Geburt ein seelisches Trauma bedeutet, das wie andere schmerzliche Erfahrungen auch ins Unbewußte verdrängt wird. Da es nicht verarbeitet wurde, wirkt es fort und führt zu körperlichen und psychischen Störungen, wie Muskelverspannungen, Fehlatmung, Energieblockaden, Depressionen und Angstzustände.

Beim Rebirthing wendet man spezielle Atemtechniken an, um Blockaden und Verspannungen »wegzuatmen«, falsche Atmung zu harmonisieren und psychische Probleme zu beseitigen.

Verdrängtes Geburtstrauma kann bewußt werden

Im Verlauf dieser Behandlung kann das verdrängte Geburtstrauma bewußt werden und läßt sich dann bewältigen, wobei es teils durch Gefühlsausbrüche (wie Angstanfälle) abreagiert wird. Aber auch Traumen unabhängig von der Geburt können wieder aus dem Unbewußten auftauchen und zum Teil auch emotionale Ausbrüche hervorrufen. In dieser Hinsicht ähnelt Rebirthing den anderen Therapien.

Geburtstrauma ist umstritten

Umstritten ist bei dieser Methode vor allem das Geburtstrauma. Es gibt keine zuverlässigen Nachweise dafür, daß eine komplikationslose Geburt tatsächlich ein Trauma darstellt, schließlich handelt es sich dabei ja um einen natürlichen Vorgang. Für die praktische

Arbeit spielt das aber keine so wichtige Rolle, Rebirthing wirkt auch, wenn man kein Geburtstrauma erinnert.

Darüber hinaus können die speziellen Atemtechniken problematisch sein, insbesondere bei Patienten mit Erkrankungen der Atmungsorgane. Daher eignet sich Rebirthing grundsätzlich auch dann nicht zur Selbsthilfe, wenn man bereits über gute Erfahrungen damit verfügt. Die Therapie sollte möglichst immer unter fachlicher Verlaufskontrolle erfolgen.

Eignet sich nicht zur Selbsthilfe

Auf weitere Körperpsychotherapien, die bisher weniger Beachtung finden, muß an dieser Stelle nicht mehr eingegangen werden.

Katastrophenphantasien entwickeln

Sinn der Methode ist nicht leicht zu verstehen

Es fällt zunächst nicht leicht, den Sinn dieser Methode zu verstehen. Genau betrachtet handelt es sich dabei nicht um eine Psychotherapie im engeren Sinn. Begründet wurde sie mit der Schule von Palo Alto in den USA durch eine Gruppe von Wissenschaftlern verschiedener Disziplinen (z. B. Philosophie). Der in Europa bekannteste Vertreter dieser »Denkschule« ist *Paul Watzlawick,* der sich durch scharfsinnige, spitzfindige, oft ironische Thesen zur zwischenmenschlichen Kommunikation und daraus resultierenden Problemen hervortat.

Paul Watzlawick

Obwohl Watzlawick und seine Kollegen sich in erster Linie als Vertreter einer originellen Geistesrichtung mit neuen Denkansätzen verstehen, blieb nicht aus, daß sie auch für die Psychotherapie eine Rolle spielen. Eine der Techniken, die auf originellen Gedanken beruht, besteht darin, sich die schrecklichsten Konsequenzen zu bestimmten Situationen und Ereignissen auszudenken.

Schreckliche Konsequenzen zu bestimmten Situationen ausdenken

Das faßte Watzlawick in seinem Buch »Die Möglichkeit des Andersseins« wie folgt zusammen: »Man fordert den Klienten auf, nicht darüber zu sprechen, wovor er sich tatsächlich fürchtet, sondern sich die katastrophalsten, unwahrscheinlichsten Folgen auszudenken, die sein Problem für ihn haben könnte.«

Aber wozu überhaupt noch Katastrophen ausdenken, wenn man doch bereits bis über beide Ohren in negativen Erwartungen steckt? Eine begründete Frage, jedoch kein Argument gegen die Katastrophenphantasien. Indem man sich gewollt die schrecklichsten Situationen ausmalt, sollen die negativen Gedanken nämlich keinesfalls verstärkt werden.

Negative Gedanken sollen nicht verstärkt werden

Im Gegenteil: Schließlich gelangt man zu einem Punkt, an dem man selbst erkennt, daß die eigene Phantasie übertriebene negative Szenarien entwirft. Das befreit von unrealistischen Befürchtungen und erlaubt Lösungen, die vorher von negativen Gedanken blockiert wurden.

Eigene Phantasie entwirft übertriebene negative Szenarien

Die Technik der negativen Phantasien empfiehlt sich insbesondere bei der Angst vor bevorstehenden Aufgaben und Situationen. Vor allem bei Menschen, die normalerweise positiv denken, das aber in einer aktuell belastenden Situation gerade nicht zustandebringen, hilft diese psychotherapeutische Methode meist, bald zu den gewohnten positiven Gedanken zurückzufinden.

Angst vor bevorstehenden Aufgaben

Versuchsweise können die negativen Phantasien selbständig eingesetzt werden. Bemerkt man dabei aber, daß dadurch die bereits vorhandenen Ängste verstärkt werden, eignen sich derartige Übungen wahrscheinlich nicht, zumindest muß dann ein Therapeut zugezogen werden, um das zu beurteilen.

Im allgemeinen fällt es leicht, Katastrophenszenarien zur Selbsthilfe zu nutzen. Zuerst vergegenwärtigt man sich, welche Erwartungsängste vorliegen und wodurch sie verursacht werden. Sobald eine gefürchtete Aufgabe oder Situation ganz klar erkannt wurde, schiebt man die dazu bereits vorhandenen negativen Gedanken beiseite. In aller Regel sind sie noch »harm-

Katastrophenszenarien zur Selbsthilfe nutzen

los« im Vergleich zu den Katastrophen, die man sich nun ausmalen soll. Damit auch den abenteuerlichsten Phantasien nichts im Wege steht, blendet man die Realitäts- und Verstandeskontrolle so weit wie möglich aus.

Alle Szenarien schriftlich festhalten

Am besten werden alle Szenarien schriftlich festgehalten, damit nichts davon in Vergessenheit gerät. Außerdem dienen die Notizen später als »Beweismittel«, wenn man nicht mehr glauben kann, daß man sich je solche Katastrophen ausmalte.

Ende der Vorstellung von katastrophalen Bildern

Irgendwann, wenn die Phantasie genug strapaziert wurde, liefert sie keine weiteren katastrophalen Bilder mehr. Das allein kann bereits psychisch entlasten, weil man weiß, daß jetzt nichts Schlimmeres mehr vorstellbar ist. Man muß also nicht länger über die schlimmstmöglichen Katastrophen nachdenken.

Beginn der therapeutischen Arbeit

Aber die eigentliche therapeutische Arbeit beginnt nun erst. Dazu liest man alle »Katastrophennotizen« ein- oder mehrmals durch und überlegt bei jeder, ob sie möglich erscheint oder völlig abwegig ist. Alles Unmögliche wird aus den Notizen entfernt, die dabei oft deutlich an Umfang einbüßen.

Nichts kann so schlimm kommen wie in der Phantasie vorgestellt

In diesem Stadium erkennt man meist erleichtert, daß nichts so schlimm kommen kann, wie man sich in der Phantasie vorstellte. Ein Teil der Patienten wird den Kopf schütteln angesichts dieser zahlreichen düsteren Phantasien, mancher kann vielleicht sogar schon über sich selbst lächeln. Damit entsteht eine nützliche Distanz zu dem Problem, das die Ängste erzeugt. Und nachdem viele Phantasien als haltlos entlarvt und gelöscht wurden, erscheint die Lage übersichtlicher.

Optimale Lösungen erarbeiten

Jetzt kann man beginnen, optimale Lösungen zu erarbeiten, die ohne zu hohe negative Erwartungen realistisch und praktikabel sein sollen. Dazu analysiert man das grundlegende Problem, um klarer zu erkennen, welche Folgen zu erwarten sind und ob wirklich Anlaß zur Angst davor besteht. Oft wird sich erweisen, daß die möglichen Konsequenzen weit unbedenklicher ausfallen können, als man ursprünglich befürchtete. Manchmal stellt sich sogar heraus, daß positive Aspekte überwiegen, die Erwartungsangst also grundlos ist. Die Ansätze zu Lösungen findet man nun viel schneller und klarer, negative Erwartungen räumen den Platz für die Überzeugung, daß die angsterzeugende Aufgabe oder Situation gemeistert werden kann.

Erwartungsangst ist manchmal grundlos

Im Grunde wirken Katastrophenphantasien wie eine Art »Zerrspiegel«, Er stellt die eigenen ängstlichen Erwartungen derart überspitzt dar, daß man die meisten als unrealistisch erkennt. Die eigene Betrachtungsweise wird positiv verändert, befreit vom Ballast negativer Erfahrungen der Vergangenheit stellt man sich der aktuellen Situation.

Katastrophenphantasien wirken wie eine Art Zerrspiegel

Wirkungslos bleiben die negativen Phantasien, wenn man damit nicht Abstand zur Erwartungsangst gewinnt, sondern darin noch bestärkt wird. Dann tragen die Katastrophenszenarien nichts zur Lösung bei, es kann sogar zu akuten massiven Angstzuständen kommen.

Akute massive Angstzustände

Überhaupt nicht vertretbar ist die Technik der Katastrophenphantasien bei Menschen, die zum Paniksyndrom (s. S. 50) neigen. Bei ihnen besteht das hohe Risiko, daß sie die Phantasien nicht realistisch einschätzen können und einen akuten Panikanfall erleiden. In Zweifelsfällen und bei unerwarteten Reaktionen soll bald fachlicher Rat eingeholt werden.

Nicht geeignet bei Menschen, die zum Paniksyndrom neigen

Urschrei entlädt innere Spannungen

Auch die beste Erziehung kann nicht ganz verhüten, daß ein Kind sich gelegentlich nicht genug angenommen, geliebt und geborgen fühlt. Von dieser Tatsache leiteten amerikanische Therapeuten in der 2. Hälfte des 20. Jahrhunderts die Vorstellung ab, daß solche

Urschmerz

unvermeidlichen Frustrationen zum *Urschmerz* führen.

Natürlich kann ein Kind damit noch nicht richtig umgehen, es muß diesen Schmerz also unbewältigt verdrängen. Wenn die seelischen Selbstheilungsfunktionen ihn nicht im Lauf der Zeit unmerklich aufarbeiten, wird er das gesamte weitere Leben überschatten. Verschiedene psychische und psychosomatische Störungen können sich daraus entwickeln, z. B. Angst oder Bronchialasthma.

Urschreitherapie soll den Urschmerz wieder bewußt machen

Die *Urschreitherapie* wurde eingeführt, um den Urschmerz wieder bewußt zu machen und abzureagieren, damit er endgültig überwunden wird. Mit Hilfe einiger Therapiemethoden (wie Analyse, Hypnose, Körpertherapie) wird der Schmerz der Kindheit zuerst ins Bewußtsein gerufen, damit er sich dann im Urschrei entladen kann. Die Patienten schreien sich dabei gleichsam den verdrängten psychischen Schmerz von der Seele. Meist wird das als Befreiung erlebt.

Der Schmerz der Kindheit soll sich im Urschrei entladen

Fällt nicht allen Menschen leicht

Allerdings fällt es nicht allen Menschen leicht, so lautstark ihre Ängste, Spannungen und Schmerzen auszudrücken. Solche Hemmungen werden möglichst bei der vorbereitenden Psychotherapie bewältigt. Gelingt das nicht, kann eine Urschreitherapie in der Regel nicht erfolgversprechend durchgeführt werden.

Nachbehandlung

Nach der Erfahrung des befreienden Urschreis muß noch einige Zeit weiterbehandelt werden. Dabei bewältigt man die wieder bewußt gewordenen Erfahrungen und Erinnerungen restlos. Nicht selten erfolgt diese Nachbehandlung als Gruppentherapie (s. S. 167), der Therapeut kann aber auch andere Verfahren anwenden.

Grundsätzlich fachliche Anleitung

Die psychotherapeutische Vorbereitung und Nachbearbeitung erfordert grundsätzlich, daß die Urschreitherapie unter fachlicher Anleitung durchgeführt wird. Aber es spricht nichts dagegen, zwischendurch auch einmal selbständig Ängste und Frustrationen mit dem Urschrei abzureagieren, das kann ebenfalls sehr befreiend wirken. Nur darf man das nicht mit der eigentlichen Therapie verwechseln, die weit darüber hinausgeht.

Gruppentherapie – gemeinsam gegen die Angst

Gute psychotherapeutische Hilfe bei Angstzuständen leistet oft auch die Gruppentherapie. Insbesondere bietet sie den Vorteil, daß Selbsthilfegruppen daraus hervorgehen können. Diese laufen ohne Therapeuten weiter und verhindern, daß man nach abgeschlossener fachlicher Behandlung plötzlich ganz auf sich allein gestellt bleibt.

Vorteil

Unter Umständen genügt es sogar, bei bestehenden psychischen Problemen in einer Selbsthilfegruppe mitzuarbeiten, in leichteren Fällen kann das die fachliche Hilfe ersetzen. Das hängt vor allem davon ab, wie stark man von der Angst eingeschränkt wird und wie gut eine Gruppe funktioniert. Im allgemeinen dienen Selbsthilfegruppen, die man heute praktisch in jedem größeren Ort findet, jedoch vornehmlich der Nachsorge.

Selbsthilfegruppen

Im allgemeinen dienen Selbsthilfegruppen der Nachsorge

Die fachlich geleitete Gruppentherapie kann allein oder unterstützend neben anderen Therapien durchgeführt werden. Der Therapeut leistet dabei vor allem die Arbeit als eine Art Moderator, der die Gruppe in Gang bringt und bei Bedarf behutsam lenkend eingreift. Die restliche therapeutische Arbeit erfolgt durch gruppendynamische Prozesse, die im Verlauf der Behandlung ablaufen.

Therapeut als Moderator

Eine Gruppe mit Patienten, die an Ängsten (oder anderen psychischen Problemen) leiden, gibt den Teilnehmern Verständnis und Geborgenheit. Jeder kann sich uneingeschränkt von den anderen angenommen fühlen. Alle verfügen über ähnliche Leiderfahrungen und können deshalb leichter als die unbeteiligte Mit-

Die Teilnehmer bekommen Verständnis und Geborgenheit

welt nachvollziehen, was die anderen empfinden, mit welchen Schwierigkeiten sie sich auseinandersetzen müssen. Dieses Verständnis, das sich aus gemeinsamen Erfahrungen ergibt, erleichtert allen, in der Gruppe offener über ihre psychischen Probleme zu sprechen, selbst wenn diese normalerweise unverständlich und irrational erscheinen müssen.

Ungezwungene Selbstdarstellung

Die ungezwungene Selbstdarstellung in der Geborgenheit der Gruppe, die sich im Lauf der Zeit entwickelt, bedeutet bereits eine deutliche seelische Entlastung.

Aber damit nicht genug: Aus der Art und Weise, wie andere Teilnehmer der Gruppentherapie auf seine Selbstdarstellung reagieren, erkennt jeder einzelne sich selbst besser und versteht eher, wo die Ursachen seiner psychischen Störungen verwurzelt sind. Das beinhaltet eine wesentliche Voraussetzung für späteres Neu- und Umlernen.

Jeder erkennt sich besser

Voraussetzung für Neu- und Umlernen

Das neu eingeübte Verhalten kann man schließlich gleich im Schonraum der Gruppe praktisch erproben. Je nach Reaktion der anderen lassen sich dann noch Fehler erkennen und korrigieren, ehe man sich draußen im Alltag bewähren muß.

Besonders wichtig bei sozialen Ängsten

Ganz besonders wichtig kann die Gruppenarbeit bei sozialen Ängsten werden. Anders als im täglichen Leben müssen die Betroffenen innerhalb der Gruppe nicht versuchen, ihre Angst zu verbergen, sondern können sie abreagieren und dabei lernen, daß ihnen daraus keine Nachteile erwachsen müssen. Gemeinsam übt die Gruppe dann neues soziales Verhalten ein und verlernt allmählich die soziale Angst.

Naturgemäß fällt es allerdings gerade bei sozialen Ängsten meist sehr schwer, überhaupt an einer Gruppentherapie teilzunehmen. Es kann notwendig sein, zunächst eine Einzeltherapie zu absolvieren, die dann auf eine spätere Gruppenarbeit vorbereitet.

Register